仇討考

仇討制度の総点検

大津千明
OTSU Chiaki

文芸社

江戸時代仇討表

	年月日	場所	討手の姓名	討手の身分	仇人の姓名	仇人の身分	目的	敵討を遂げるまでの年数
1	慶長十年頃七月十七日	大和国奈良荒池ノ上山頭	不明	不明	不明	不明	父のため	不明
2	江戸前期	大坂	松井三七	士	阿部弥市左衛門	士	親友のため	
3	元和元年五月三日	山城国宇治郡日岡峠	戸田八郎右衛門	士	鈴木左馬助	不明	兄のため	不明
4	元和年中	京都	三筋町遊女揚巻		陶要人	不明	恋人のため	
5	寛永年間	越前福井	浮田民十郎(助)佐野鹿十郎	士	大館七郎右衛門	士	父のため	
6	寛永五年八月廿一日	不明	安倍四郎五郎与力某	士	不明	不明	不明	不明
7	寛永五年	不明	布施平太夫	士	不明	士	兄のため	不明
8	寛永六年五月一日	山城国宇治郡日岡峠	黒田四郎兵衛	士	二宮権左衛門岡地大三郎	士	叔父のため	3
9	寛永七年正月十五日	大坂玉造	梁川銀之助(助)千原佐市浪川藤右衛門	士	三宅玄蕃	士	兄のため	3
10	寛永十一年十一月七日	伊賀国(阿郡)上野の辻	渡辺数馬(助)荒木又右衛門ら	士	河合又五郎河合甚左衛門(助)桜井半兵衛	士	弟のため	5
11	寛永十一年冬	尾張国名古屋小牧町	川地藤左衛門川地弥十郎	士	深尾左五右衛門	士	父のため	不明
12	寛永十五年三月十五日	信濃国筑摩郡木曽谷	高木善兵衛	士	河野孫市郎	士	兄のため	17
13	寛永十六年七月五日	京都四条河原町	曽我九之助三浦十五郎	士	勝浦左近兵衛	士	母方の祖父祖母のため	不明
14	寛永十八年	江戸大炊殿橋(今、神田橋)	多賀孫左衛門多賀忠太夫上田右衛門八ら	士	内藤八右衛門	士	兄のため、伯父のため	21
15	寛永十九年三月十八日	讃岐丸亀	田宮小太郎	士	堀源太左衛門	士	父のため	16
16	正保元年一月二日	江戸本町	東郷又八郎	士	高倉長右衛門	士	兄のため	
17	正保二年十一月十七日	出雲国松江松平出羽守家老乙部可正邸	飯尾彦之丞兼晴	士	生駒帯刀正種	士	弟の養父のため、弟のため	(討手切腹)6
18	承応二年三月十五日	武蔵国橘樹郡川崎駅	吉見半之丞	士	村井弥五右衛門	士	兄のため	2

19	承応二年五月五日	尾張国名古屋法華寺町本住寺	平岡弥右衛門 平岡八十郎	士	上原善太夫	士	父のため	4
20	承応三年十月	江戸小石川水戸屋敷前	堀越伝右衛門 弟 某	士	小林忠兵衛	士	父のため	不明
21	明暦元年	江戸神田誓願寺前（今、小柳町）	柘植兵左衛門	士	武蔵源左衛門	士	父のため	18
22	明暦元年六月十一日	奥州街道粕壁	岩瀬理兵衛	士	桑名仁左衛門	士	兄のため	
23	明暦元年九月二日	江戸浅草三十三間堂（今、松葉町内）	原田与右衛門 後藤与次右衛門	士	林与次右衛門	士	兄のため、伯父或は叔父のため	不明
24	万治頃	佐賀八戸	伝湖	僧呂	中蔵坊	僧呂	母・弟甥のため	1
25	寛文四年四月十八日	下総行徳	茶道意城		小山田庄兵衛		母・妹のため	
26	寛文四年五月十七日	江戸牛込築土神社坂下	古沢忠次郎 （助）古沢市左衛門	士	沢岡藤右衛門	士	父、母、兄のため	6
27	寛文五年九月十日	下野国府村	市郎兵衛	農	小乙女雲平・右馬之助	農	母と姑のため	5
28	寛文七年閏二月廿八日	尾張国春日井郡清州須賀口	土屋権之允 田沢市右衛門	士	鴬谷弾之允	士	父のため	不明
29	寛文十年三月十五日	大坂心斎橋通南二丁目	小畑五太夫 小畑牛太郎	士	青山五左衛門	士	弟のため、叔父のため	20
30	寛文十一年九月九日	摂津国島上郡芥川	松下助三郎 （助）平左衛門ら	士	早川八之允	士	父のため	5
31	寛文十二年二月二日	江戸市谷浄瑠璃坂（今、砂土原町一丁目）	奥平源八 （助）夏目外記ら	士	奥平隼人 （助）奥平大学ら	士	父のため	3
32	寛文年中	近江国石部	畠山平八郎 畠山重太郎 遊花	士	弥五右衛門	士	父のため	即日
33	延宝元年九月十日	下野国古宿村	源左衛門と弟	農	雲平と馬之助	農	母と兄嫁のため	1
34	延宝二年十一月廿二日	四ツ谷	浅香勝之丞	士	安松徳右衛門	士	父のため	7
35	延宝二年	浅草三番町	八木岡新五兵衛	士	原田半助	士	兄のため	不明
36	延宝三年頃	駿河国富士郡大宮町	宮受忠太夫 （助）山本加左衛門	士	古留屋小兵衛	士	兄のため	返り討不明
37	延宝三年五月七日	陸奥国宮城郡赤沼村	小針彦次郎	士	富永弥太郎	士	父のため	3

No.	日付	場所	氏名	身分	相手	身分	理由	
38	延宝三年六月十二日	武州帷子町	小林武左衛門外二名	士	鈴木勘助	士	兄のため	不明
39	延宝四年正月	富士山麓	山本加左衛門 山本忠太夫	士	古留屋小三郎	士	兄弟のため	
40	延宝四年六月八日	江戸谷中法華寺町	鈴木安兵衛	士	笠原藤七	士	弟のため	4
41	延宝四年十二月十四日	武州黒鍬谷	藤戸新蔵	士	清水権左衛門	士	父のため	12
42	延宝五年正月廿九日	相模国鎌倉扇谷亀ヶ坂下	松枝久左衛門 岩井利兵衛	能役者	野田宗畔	医	兄、甥(或は弟のため義兄のため)	3
43	延宝五年三月廿三日	館林領寺岡村	池田又兵衛	士	石黒清太夫	士	兄のため	1
44	延宝五年九月八日	京橋北紺屋町	松山主馬	士	鈴木角右衛門	士	弟のため	11
45	延宝六年七月十三日	江戸京橋近辺	松枝主馬	士	荒川三郎兵衛	士	父のため	13
46	延宝六年十月廿日	両国橋広小路	犬塚庄兵衛	士	大関定右衛門	士	兄のため	7ヶ月
47	延宝六年十一月廿五日	麹町一丁目	小俣庄右衛門	士	浜奈傳蔵	士	兄のため	1
48	延宝八年十月五日	長門国豊浦郡下関	曽根次郎吉(助)奈良屋善兵衛(靱負)	士	春城三左衛門	士	父のため	11
49	天和二年五月二日	但馬国七味郡村岡	近藤源太兵衛(助)小山田清右衛門	士	池田七郎衛門ら	士	兄のため	10
50	天和二年九月十五日	江戸市ヶ谷田町	山寺十左衛門	士	八路権右衛門 同 貞右衛門	士	兄のため	相打ち5
51	天和二年十二月十二日	京都大佛前	山岡治兵衛	士	石黒平兵衛	士	兄のため	4
52	天和三年三月四日	神田旅籠町	小傳治と治兵衛	不明	新六	不明	父と兄のため	4ヶ月
53	天和三年十一月廿八日	大和国郡山	石井れつ	農	大鍋蔵人	士	母のため	13
54	貞享元年八月十七日	下野国佐野領岩船	三助	農	徳兵衛	農	父のため	4
55	貞享四年六月三日	大坂南御堂前	磯貝兵左衛門 磯貝藤助(助)船越九兵衛	士	島川太兵衛(従兄或は従弟)	士	叔父のため	4
56	貞享四年十月八日	牛込赤木明神之下	中間伝兵衛	士	猶之丞	士	主人のため	3ヶ月
57	元禄六年五月四日	出雲国仁多郡上阿井村	五兵衛 三助 七兵衛	農	七郎兵衛	農	父のため	17

	年月日	場所	討つ者	身分	討たれる者	身分	理由	期間
58	元禄八年二月十一日	江戸高田馬場	菅野六郎左衛門(助)中山安兵衛	士	村上庄左衛門	士	果し状による	11ヶ月
59	元禄十四年二月	長崎	佐賀深堀の侍	士	長崎奉行高木一族	士	恥辱に報いる	
60	元禄十四年五月九日	伊勢国鈴鹿郡亀山城下	石井源蔵 石井半蔵	士	赤堀源五右衛門(赤堀水之助)	士	父のため 兄のため	28 20
61	元禄十五年十二月十四日	江戸本所両国橋の東(今、松坂町二丁目)	大石内蔵助良雄 外 四十六人	士	吉良上野介義央	士	主人のため	翌年討手切腹2
62	元禄年中	江戸京極備中守下屋敷	尼崎りや	士	岩淵伝内	士	父のため	22
63	宝永三年六月七日	因幡鳥取	大蔵彦三郎	士	宮井伝右衛門	士	妻のため	4ヶ月
64	宝永年間	金沢	松島吟之進	士	留屋権蔵兄弟		恋人のため	
65	宝永五年頃	不明	布施平太夫	士	不明	不明	兄のため	不明
66	正徳五年十一月四日	摂津国西成郡浜村崇禅寺松原	遠城治左衛門 安藤喜八郎	士	生田伝八郎	士	弟のため	返り討1
67	正徳六年九月四日	加賀柳ヶ瀬村	高橋作左衛門	士	前田大膳亮利隆	士	兄のため	
68	享保一〜二年	大坂高麗橋	正井宗味	士	池田文治	士	妻のため	
69	享保三年五月十三日	上総国宮永町	助之丞	農	松本理右衛門	士	養父のため	4
70	享保五年九月五日	伊勢国桑名城門前	小林熊太郎 小林道次郎	士	(従伯父)芦塚軍右衛門	士	父のため	5
71	享保七年四月二日	江戸新吉原	大森たか(松葉屋瀬川)	士	源八	僕	夫のため	5
72	享保七年八月十二日	相模国鎌倉郡小田原	伊東はる(助)鉄平	士	大西助次郎	士	父のため	28
73	享保八年三月二日	陸奥国仙台白鳥明神社前宮ノ町	姉妹二人(名不詳)	農	田辺志摩	士	父のため	6
74	享保八年三月廿七日	江戸松平周防守邸内	山路	婢	沢野	奥女中	主人のため	即日
75	享保九年十月	高野山	浅野安左衛門	士	与七郎	僧	弟のため	不明
76	享保十一年十月	武蔵国豊島郡幡ヶ谷	山崎善右衛門 相良嘉七 相良小平太	士	中野唯八	士	兄のため	不明
77	享保十二年十月十四日	江戸青山宿(青山大膳亮御下屋敷角)	猪瀬半介	士	中沢孫三郎	士	父のため	4
78	享保頃	江戸橋場総泉寺	清水新次郎(助)遊女秋篠	士	軍蔵	僕	友人のため	不明

79	元文元年十一月廿五日	武蔵国葛飾郡小菅弥五郎橋	谷十三郎	士	伴六左衛門	士	父のため	不明
80	元文三年	江戸	深沢定八	士	石井清助	士	父のため	2
81	元文五年三月五日	江戸築地南小田原町二丁目	矢内武平治山下宇内	士	杉山嘉右衛門	士	母のため	2
82	元文五年五月十月八日	南部岩手郡長山村	上野長之助	農	三十郎	商	父のため	7ヶ月
83	寛保元年	長崎	兄弟二人氏名不詳	商	神楽	相撲	父母のため	18
84	寛保元年六月二日	備前国岡山	成瀬太左衛門	士	堀又右衛門	士	義侠心より田宮軍治のため	9
85	寛保元年十二月九日	肥前国長崎	喜三次伝十郎	不明	甚太郎	不明	母のため	不明
86	寛保二年五月十三日	陸奥国江刺郡野手崎村	鈴木善六	農	六之助	農	父のため	29
87	延享ころ	肥前国長崎	兄弟二人（名不詳）	商	神楽	相撲取	父母のため	18
88	宝暦三年	下総国	雄之助鎌吉	農	不明	不明	父のため	翌日
89	宝暦六年	越前国丹生郡沢浪村	山形忠三郎（助）佐川源次兵衛	郷士	杉原軍兵衛	郷士	父のため	不明
90	宝暦七年三月？	大和国吉野郡吉野山竹林院前	吉太郎	農	大八郎	漆工	兄のため	（討手自殺）5
91	宝暦九年五月十八日	肥前国（神崎郡）蓮池	勝野造酒之丞	士	谷崎蔵人	士	父のため	（討手自殺）2
92	宝暦十年頃	不明	辰之助	農	不明	不明	父のため？	不明
93	宝暦十三年五月十五日	陸奥国（宇多郡）中村原町	佐々木清十郎（助）中川十内ら	士	（叔父）佐々木九郎右衛門	士	父のため	14
94	明和二年七月十五日	常陸国茨城郡大足村	茂助つや	農	吉兵衛	農	父のため夫のため	21
95	明和八年四月十三日	薩摩国不川山	高橋弁	士	矢野長左衛門	士	父のため	2
96	安永五年三月十日	陸奥国菊多郡中田村五郎橋	弥藤次丹次ら	農	佐十郎	農	父のため	12
97	安永九年十一月九日	陸奥国胆沢郡水沢日高小路	小沢嘉右衛門	士	佐藤新兵衛	士	養父のため	17
98	天明三年八月	伊勢国亀山城外	小万	下女	小林軍太夫	士	父のため	14
99	天明三年十月八日	江戸牛込区行元寺	富吉	農	甚内	農	父のため	17
100	天明三年十月八日	江戸神楽坂	初太郎	農	二宮文右衛門		父のため	16
101	寛政二年頃？	不明	与右衛門	農	不明	不明	父のため	不明

102	寛政十年頃？	不明	文蔵 嘉吉	農	牛五郎	農	叔父のため 従兄のため	不明
103	寛政十年 十一月十二日	江戸深川六間堀猿子橋畔	山崎みき 山崎はる (助) 平井仙蔵	士	崎山平内	士	夫のため 父のため	6
104	寛政十二年 十月九日	江戸浅草御蔵前片町	三浦善蔵 (徳力貫蔵)	商	(旧備) 長松	農	母のため	8
105	享和元年正月	近江国志賀郡粟津原	前田半十郎	士	服部安右衛門	士	父のため	8
106	文化元年 三月十三日	武蔵国足立郡上尾宿	富五郎	農	赤尾の林蔵	無宿	兄のため	3
107	文化元年中	肥後国清閑寺原	岩井善次郎 岩井半三郎	士	青山弾正	士	父のため	不明
108	文化元年 十月廿六日	讃岐国那珂郡松ヶ鼻	安蔵	農	江崎三蔵	士	父のため	13
109	文化三年	大津琵琶湖のほとり	岡本藤吉	士	服部安右衛門	士	父のため	8
110	文化八年頃？	下総国匝瑳郡玉中村	(服部) 仁平	農	茂七	農	父のため	9
111	文化八年 九月廿二日	出羽国田川郡荘内鍛冶町総穏寺墓地	土屋虎松 (又蔵)	士	(義弟) 土屋丑蔵	士	兄のため	討手仇人死 8
112	文化十三年 九月二十日	下総国葛飾郡大福田村正徳寺	権次郎 (助) 望月三郎	農	藤助	農	母のため	23
113	文化十四年 五月	相模国藤川？	不明	不明	不明	不明	父のため	不明
114	文化十五年 四月十九日	常陸国瓜連村	清兵衛	商	悪三郎	農	叔父のため	20
115	文政元年六月	相州藤川	鍛冶屋の伜		養父		父のため	
116	文政二年	信濃	弥五郎	農	庄右衛門	農	父のため	23
117	文政三年 五月二十日	出羽国寒河江	和吉 文次	農	花蔵	農	父のため	7
118	文政三年十月	武州大高村	お勝	農	九助	農	父のため	
119	文政四年 四月廿四日	羽後矢立峠	下斗米秀之進 (相馬大作)	士	津軽寧親	士	主君のため	
120	文政六年 九月廿七日	上下総吉川	岡村萬之進 岡村きみ	士	土屋松伯	士	父のため	3
121	文政七年 四月十七日	常陸国鹿島郡磯浜村塩町	浅田鉄蔵 浅田門次郎	士	成瀧萬助	士	養父のため 父のため	7
122	文政七年 七月十三日	常陸国山方村	いゑ	農	金吾	修験者	父のため	即日
123	文政七年 十月十日	江戸四谷塩町一丁目	(高瀬) 宇市	農	(旧備) 安兵衛	農	父のため	7

No.	年月日	場所	名前	身分	相手	身分	理由	年数
124	文政九年二月十五日	武蔵国豊島郡小具村	文次郎	農	次郎右衛門	農	父のため	即日
125	文政十年閏六月十二日	讃岐国阿野郡南羽床村	平井外記 平井九市(助)虚無僧雲竜	士	与之助	研師	兄のため	5
126	文政十二年正月十五日	肥後国益城郡下横田辺村	岡崎平右衛門	商	(旧備)嘉次平	商	父のため	18
127	天保四年四月頃	下総国結城郡上山川村	茂八	農	富五郎	農	父のため	当年
128	天保六年七月十三日	江戸神田橋外護持院ヶ原	山本りよ、宇兵衛(助)九郎右衛門	士	亀蔵	下人	父のため兄のため	3
129	天保七年三月二日	常陸国那珂郡湊村	藤村丑太郎	農	村上源之丞	士	父のため	7
130	天保七年六月十五日	近江国草津	光蔵、仲蔵、清兵衛、彦蔵、長吉	相撲	岩之助	相撲	師の仇	11
131	天保七年七月十七日	江戸神田山本町代地	森金七郎	士	成田屋庄之助	大工	養父のため	2
132	天保八年七月廿七日	出羽国由利郡桜長根	新井三太夫 日野内蔵介 戸坂良軒	士	佐藤多利治	士	兄のため	当年？
133	天保九年五月十三日	金沢高岡町	近藤忠之介		山本孫三郎		父のため	
134	天保九年十一月十一日	陸奥国遠田郡涌谷	徳治 やす	不明	早坂喜十郎	士	妻の父及び父のため	26
135	天保十一年四月九日	江戸飯倉片町	乙蔵	農	西野藤十郎	郷士	父のため	12
136	天保十一年六月廿一日	常陸国茨城郡大串村宝性院	本多良之助(助)政五郎	士	鈴木忠左衛門	士	父のため	11或は14
137	弘化元年二月廿三日	駿河国岡部宿在鰯ヶ島村	岩之進	香具師	米松	農？	養父のため	9
138	弘化元年五月廿日	武州稲毛村	おえん 仙之助	商	勘助		父のため	6
139	弘化三年八月六日	江戸神田護持院ヶ原	熊倉伝十郎 小松典膳	士	本庄辰輔(本庄茂平次)	士	父、伯父のため、師のため	9或は8
140	弘化四年九月	江戸	本郷の湯屋番頭	商	上田屋利平衛門	商	主人のため	
141	嘉永二年七月十七日	陸奥国多賀郡山岸村平袖坪	荒音吉 荒重作	士？	丑之助	牛飼	父のため	16
142	嘉永三年六月十日	信州飯田	正助		藤田春庵		兄のため	
143	嘉永三年十月十八日	江戸神田白銀町代地	定吉 政吉	商	宅次	商	父のため	16

144	嘉永三年 十月廿二日 下野国足利郡 粟谷村	金井仙太郎 寅五郎 (助)久保善 輔克明	農	金井隼人 (子) 金井吉右衛門	村年 寄?	父のため、 主人のた め	12
145	嘉永四年 五月廿六日 信濃国伊那郡 飯田	庄助	商	藤田春庵	医	兄のため	(討手 切腹) 6
146	嘉永五年 二月十七日 上総国武射郡 松ヶ谷村	(村松)藤吉 郎	中間	新平	仲間	父のため	16
147	嘉永六年 七月十四日 陸奥国行方郡 鹿島宿陽山寺	とませ 宥憲	山伏の 妻子	源八郎	農	母のため、 母方の祖 母のため	53
148	嘉永六年 十一月廿二日 相模国鎌倉郡 戸塚駅	須藤隼太郎 須藤平次郎 須藤金三郎	士	原鑛平	士	父のため	当年
149	嘉永六年 十一月十八日 江戸浅草御蔵 前片町	たか	農	与右衛門	農	兄のため	7
150	嘉永六年 十二月廿三日 陸奥国江刺郡 下門岡村	太左衛門	農	喜左衛門	農	父のため	不明
151	安政元年 六月十九日 常陸国水戸向 井町	赤石愛太郎	士	元吉	農?	母のため	3
152	安政元年 六月廿六日 江戸住吉町	太田六助	士	吉次(山田金 兵衛)	農	父のため	21
153	安政二年 三月廿八日 陸奥国 刈田郡 三国山	岩五郎	賤民	氏名不明 二人	不明	父のため	1
154	安政三年 正月廿八日 常陸国新治郡 府中宿	飯島量平 (助)榎本周 吉	士	飯島惣吉	士	母のため	2
155	安政三年 十一月廿三日 不明	橋本いの 橋本清吉 橋本仲之助	不明	与次右衛門	農	夫のため、 異父のた め、父の ため	17
156	安政四年 七月十八日 備後国神石郡 小畑	小野米吉	士	服部辻之進	士	父のため	不明
157	安政四年 十月九日 陸奥国牡鹿郡 祝田浜	久米幸太郎	士	滝沢休右衛門	士	父のため	41
158	安政六年 十一月廿五日 上野国甘楽郡 西牧矢川村	定之助	農	忠右衛門	村年寄	父のため	11
159	万延元年 四月七日 常陸国那珂郡 上大賀村念仏 塚	いち ひで 庄四郎	農	喜代次	大工	夫のため、 父のため 兄のため	当年
160	文久三年 六月二日 和泉国日根郡 境ノ橋	広井磐之助	士	棚橋三郎	士	父のため	9
161	文久三年 十月十五日 武蔵国足立郡 千住宿一丁目	大村達尾 (助)藤林鬼 一郎	士	祐天 (山本仙之助)	博徒 (士)	父のため	18

| 162 | 元治元年正月廿三日 | 武蔵国足立郡針ヶ谷村 | 宮本庫太郎(助)武藤道之助西野幸太郎ら | 士 | 川西祐之助 | 士 | 父のため | 7 |
| 163 | 慶応二年八月三日 | 出雲手結浦 | 黒部権之介らの遺族 | 士 | 詫間樊六ら五人 | 士 | 父のため | |

―目　次―

はじめに　18

第1章　仇討の歴史 ——————————— 21
第1節　仇討の始まり　22
第2節　仇討に関する法令　22
第1　鎌倉幕府の御成敗式目　22
第2　伊達家の塵芥集　23
第3　長曽我部家の長曽我部元親式目　23
第4　豊臣秀吉の平和令　24
第5　江戸幕府の法令　24

第2章　適法な仇討の要件 ——————— 27
第1節　仇討のルールについて　28
第2節　実体が「仇討行為」であるための要件　28
第1　死に報復するために死をもって行うこと　28
第2　復讐の目的を有すること　29
第3　仇人が乱心者でないこと　29
第4　仇討の対象となる殺害の原因について　31
第5　討手は被害者の目下の者であること　32
1　目下について　32
2　夫と妻の仇討について　35
第6　仇討の対象となる被害者の範囲について　36
第7　仇討の対象にならない殺害行為　36

第3節　手続きが「適法な仇討」であるための要件　37

第1　事前に幕府の許可を得ること　37

第2　犯人が藩外に逃亡したこと　38

第3　討手の順序について　39

第4　討手が幼少者の場合　39

第5　叔父叔母の仇討　40

第6　再度の敵討（再敵討）の禁止　41

第7　又候敵討について（その1）　41

第8　二重処罰の禁止　42

第9　仇討場所の制限　45

第10　助太刀について　45

第11　追討について　46

第4節　仇討の義務性について　47

第5節　仇討の禁止について　48

第3章　仇討の実情　———　51

第1節　仇討の実行について　52

第1　主君へ暇願の提出　52

第2　仇人を見つけた場合の処置　52

第3　竹矢来の中での仇討について　54

第4　果たし合い（決闘）について　55

第5　仇討前の名乗りについて　56

第6　人違いの仇討について　58

第7　仇人が死亡していた場合　59

第2節　仇討の事後処理について　60

第1　仇討成就の届出　60

第2　故郷への凱旋　61

第4章　仇討の実態 ── 63

第1節　仇討の目的　64

第2節　「義侠に出づる敵討」について　65

第3節　至難の業　66

第4節　仇討の実情　68

第5節　仇討の所要年数について　70

第6節　仇討の長期継続の理由　73

　第1　武士の一分について　73

　第2　国民性と武士道の精神の融合　74

第5章　日本三大仇討事件と仇討ルール ── 77

第1節　日本三大仇討事件　78

第2節　曽我兄弟の富士裾野の仇討　80

第3節　伊賀上野鍵屋の辻の仇討　81

第4節　赤穂事件（忠臣蔵）について　83

　第1　幕府の処分　83

　第2　内蔵助らの言い分　84

　第3　世間の反応について　85

　第4　幕府の処分　85

　第5　幕府の判断について　86

　第6　浅野家の再興について　88

第5節　まとめ　89

　第1　曽我兄弟の富士裾野の仇討について　89

　第2　伊賀上野鍵屋の辻の仇討について　90

第3　赤穂事件（忠臣蔵）について　90

第6章　仇討の背景 ————————— 93
第1節　武士道について　94
第2節　仇討と武家屋敷駆込慣行について　94
第3節　武士道と仇討について　96
第4節　又候敵討について（その2）　97
第5節　仇討是非論について　105

第7章　仇討と喧嘩両成敗法 ————————— 107
第1節　喧嘩両成敗法の目的　108
第2節　法令の定め　108
第3節　仇討と喧嘩両成敗法　109
第4節　喧嘩両成敗法とジレンマ論　110
第5節　喧嘩両成敗法を活用した仇討　111
　第1　指腹について　111
　第2　「浄瑠璃坂の仇討」について　112
　　　1　概要　112
　　　2　仇討ルールとの適合性について　115
　　　3　後日談の解釈について　116
第6節　殺人事件の「扱」と仇討　120
第7節　仇討と太刀取　122
　第1　太刀取の許可について　122
　第2　太刀取許可申立の処理　122

第8章　仇討の諸類型 ———————————— 125

第1節　宗教者の仇討　126

第1　仇人が僧侶の場合　126

第2　討手が僧侶の場合　127

第2節　仇討と虚無僧　128

第3節　平民などの仇討　129

第1　概要　129

第2　幕府の公認について　131

第3　平民の仇討の実情　132

第4　百姓の仇討　133

第5　平民が討手で仇人が武士の事例　134

第6　乞食の仇討　136

第4節　女性による仇討　137

第1　概要　137

第2　具体例　138

第3　女性の仇討と信憑性　139

第9章　復讐禁止令の制定 ———————————— 141

第1節　復讐禁止令（仇討禁止令）の制定　142

第2節　復讐禁止令制定の経過　142

第1　仮刑律について　142

第2　新律綱領の制定　143

第3　江藤新平の意見書　143

第4　改定律例の制定　144

第5　刑法の制定　145

第3節　まとめ　145

第10章　明治の仇討について ——— 147
第1節　復讐禁止令の制定と仇討　148
第2節　明治の仇討とその処罰　148
第3節　日本最後の正式な仇討について　150
　第1　概説　150
　第2　日本最後の正式な仇討　151

第11章　仇討と現行法 ——— 155
第1節　決闘罪について　156
第2節　民法891条二号について　156

第12章　仇討制度の疑問点について ——— 159
第1節　問題の所在　160
第2節　疑問点の1と2について　160
第3節　疑問点の3について　162
　第1　仇討の成功率　162
　第2　不成功な仇討の事件数　162
　第3　仇討不成功事案の処理　163

第13章　仇討制度が果たした役割について — 167
第1節　江戸時代の仇討制度は何であったのか　168
第2節　仇討制度が果たした役割　169

第14章　まとめ ——— 173
第1節　仇討と人命の軽視について　174
第2節　武士道の徳目について　175

第3節　おわりに　177

文　献　179

はじめに

　仇討は、主君・父・兄弟などが殺害された場合、その家臣・子・親族などが報復として加害者を殺害することをいう。切腹と並んでわが国の武家社会特有の慣習であった。仇討は明らかに殺人であるが、わが国では、この殺人を江戸幕府が公認して処罰の対象から除外し、明治新政府によって「復讐禁止令」が制定されるまでの間、長期にわたって行われていた。身内の殺害に対する復讐行為は、どこの国でも行われていたが、わが国のように国家の統一が成立後も政府によって公認され、長年にわたり讃美称賛されて公然と行われていたのは異例である。

　仇討は武家社会の慣習であり、江戸時代には、仇討に関する明文の法令は存在しなかった。しかしながら、仇討には一定のルールがあり、これを日本三大仇討事件といわれている事例に照らしてみると、適法な仇討であったのかどうかについて疑問がある。また仇討は、逃亡した犯人（仇人や敵持というが、以下では仇人という）を追って、身内など（以下討手という）が何年も、時には何十年もかけて全国を捜し回った末に成し遂げられたが、その成功率はわずか１パーセント程度と言われている。そうだとすれば残りの99パーセントについて、逃亡した仇人や願いが叶わなかった討手はどうなったのか。また幕府が公認した制度でありながら、成功率がわずか１パーセントという仇討制度は、どんな役割を果たしたのか、国の制度としてどのよ

うに評価するのかという問題がある。このようにわが国で長年にわたり讃美称賛されてきた仇討制度には、疑問が多い。このため、江戸時代を中心にして、仇討制度の問題点や疑問点を洗い出し、これを総点検することにより、その実態を究明することにした。江戸時代の仇討は、明文のない慣習による制度であるためその実態は不明確な点が多いが、特に法律的視点を重視して検討する。江戸時代は、敵討のことを俗に「仇討」「意趣討」とも称していたが、幕府法上は、「敵討」という言葉が用いられていた。本稿では、原則として一般に多用されている「仇討」を使用するが、幕府法令など厳密な表現が必要な際には、「敵討」を使用することとする。

第1章
仇討の歴史

第1節　仇討の始まり

　殺人行為に対する処罰は、国家の刑罰権によって行われるのが本来である。仇討は、国家が統一されて公儀の刑罰権が確立する前に、これに代わる私的な制裁としてどこの国でも行われていた。国が統一されて権力が整うにつれて、刑罰権が国家に集中されると、私的制裁である仇討は禁止されて公的刑罰に統一された。ところが、江戸時代は、刑罰権は幕府と大名、領主に属していたが、その例外として、私的制裁である仇討が認められていた。

第2節　仇討に関する法令

　応仁の乱後室町幕府の統治が終わり、群雄が割拠した戦国時代になると、有力な戦国大名は、下克上の風潮に対応して自分の領国を統制するため、独自の法典を制定した。これが分国法であり、仇討に対する法令は、分国法が始まりである。

第1　鎌倉幕府の御成敗式目　貞永元年（1232年）

　鎌倉幕府の執権北条泰時が制定した、武士最初の法典である。当時の武士の慣習などを基にして作成され、以後武家社会の基本法典として後世に継承されていった。この第10条で、仇討は禁止され殺人罪になるとされていた。

22

第2　伊達家の塵芥集　天文5年（1536年）

　仇討についての定めがあり、仇討公認への第一歩といわれている。

　「仇討は禁止である。但し、法によって処罰されて放免された後、領内を徘徊していた場合には、出会い次第、親の敵・子の敵と名乗って討ち取っても差し支えない」

　これによると、敵をその公的処罰以前に討つことは禁止していたが、処罰後の仇討は許されており、これには二重処罰の問題がある。また親が子の仇を討つことを認めていることや、仇討の前に名乗りを上げることを要求しているのが注目される。

第3　長曽我部家の長曽我部元親式目　慶長元年（1596年）

　「敵討の事、親の敵を子、兄の敵を弟が討つのは可、弟の敵を兄が討つのは逆、叔父が甥の敵を討つことは無用の事」

　この法令は、敵討を公認した最初の法令であり、目下の者のための仇討である逆縁すなわち、逆敵討を禁止しており、江戸時代の仇討制度の原型といわれている（石井良助『新編江戸時代漫筆　上』295頁）。

第4　豊臣秀吉の平和令

　群雄割拠の戦国時代を経て、織田信長の後を継いだ豊臣秀吉は、紛争を防止するために惣無事令・喧嘩禁止令・刀狩令・海賊停止令からなるいわゆる「豊臣平和令」を定めて諸大名に通知し、天正18年（1590年）に天下を統一した。また兵農分離を進めて百姓を農業に専念させ、武士と農民との区別を明確にして、当時の紛争解決方法であった武力の行使や自力救済が制限された。

第5　江戸幕府の法令

1　武家諸法度　元和元年（1615年）

　徳川幕府が大名統制のために制定した法典であり、幕府法上もっとも重要視され、その後、将軍の代替わりごとに改定がなされた。この中に仇討についての直接の規制はないが、第4条に仇人の保護禁止の規定がある。

「国々の大名、小名、諸給人、各々が召し抱えている士卒のうちに、もし反逆や殺害をした者がいて、これを告発する者があったならば、速やかに追い出すべきこと」

2　家康百箇条

　御遺状御宝蔵入百箇条「徳川禁令考」前集第33条に、喧嘩口論の両成敗を規定し、「討たるる者の子葉ども敵討

を願うに、簿に記し願いに任すべし。然れども重敵は停止すべきこと」とある。仇討の手続きと再敵討の禁止を定めてあり、これが仇討についての幕府の態度と考えられる。しかしながら、この百箇条は真正が疑われており、偽作説が有力である（三上参次『江戸時代史 上』241頁）。

3　幕府の機関である、京都所司代の板倉重宗が定めた板倉氏新式目の定めがある。
「親の敵を討つ事、洛中洛外に依らず、道理至極に於いては先例に委せ、沙汰に及ばざる義也。然れども禁裏仙洞の御近所、神社仏閣にては用捨有るべし」
　これは、神社仏閣の境内以外での親の仇討を許している。また他人を殺害して、親の敵を討ったと称して処罰を免れることは、辻斬強盗に準じて死刑とすると定めている。

4　公事方御定書　寛保2年（1742年）
　八代将軍吉宗の時代に、享保の改革の一環として制定した法令で、徳川幕府の最も重要な法典といわれている。ところが、仇討についての定めはない。私的制裁である無礼討や妻敵討についての定めがあることからすると、むしろ意図的に明文化されなかったと考えられる。仇討は本来幕府が取り締まるべき犯罪であるが、後述のように幕藩制度上の制約があった。ところが、仇討は人間の本能に基づく至情から出たものであり禁止が難しく、他方これを明文化するとその影響が大きいため、殺人に対する公権としての幕府と藩の刑罰権を留保するための定めと考えられる。

第2章
適法な仇討の要件

第1節　仇討のルールについて

　前記のとおり仇討についての法令は、江戸時代には法令としての定めはなく、あくまで慣習法として存在していた。したがって、仇討のルールの内容は理詰めではなく、具体的な事例の中から慣習ないし先例によって確認することが必要である。討手による仇人の殺害行為が、正当な仇討と認められれば、刑事責任を問われない。このように仇討が正当な仇討として刑罰を免れるためには、その実体が「仇討行為」であるための要件と、その手続きが「適法な仇討」であるための要件をクリアすることが必要である。

　なお、「妻敵討」という私的制裁制度があるが、これは妻の密通に対する報復であり、いわゆる仇討とは別のものであるので、本稿では対象にしない。

第2節　実体が「仇討行為」であるための要件

第1　死に報復するために死をもって行うこと

　仇討の対象となるのは、殺人行為である。死に至らない傷害行為は、重傷であっても対象にならない。殺害者による直接的殺人だけでなく、間接的な殺人も含まれる。例えば、他人に依頼ないし教唆して殺害させた場合や、自己のした行為が原因で相手を死に至らしめた場合も該当する。例えば、相手から辱かしめを受けた被害者が自害した場合

のように、怨みを残して死亡した場合や、その場で死亡しなくても、それが原因で後日死亡した場合も該当する。また間接的な場合には、殺害の意思はなくても、自分の行った行為が相手を死に至らしめた場合も含まれる。

第2　復讐の目的を有すること

　仇討行為と認められるためには、復讐のために殺害することが必要である。仇討はいわゆる目的犯であり、復讐の目的がない殺害は仇討とはいえない。平出鏗二郎氏は、夫が訪問者にいきなり殺害され、物音に驚いて駆けつけた妻がその場で相手を殺した場合には、敵討と見るべきでないとされている（平出鏗二郎『敵討』20頁）。しかしながら、この設例の妻の行為に復讐の目的がないとして仇討を否定するのは疑問である。後述する仇人を見つけた場合の処理とも関連するが、殺害の現場に同席した身内が、即時に相手を殺害した場合（即座之敵討）は、事前の許可などの必要な手続きを踏まなくても無罪になるとされていた。

第3　仇人が乱心者でないこと

　江戸時代の殺人は、殺人者が乱心者であっても処罰された。しかしながら、仇討は、仇人が乱心者（精神障害者）でないことが要件であり、乱心者が回復して本心に戻るまで、仇討をすることは禁止されていた（石井良助・前掲書296頁）。

現代の刑法も、心神喪失者（精神障害により事物の理非善悪を弁別する能力のない者）の行為は罰しないとされている（刑法39条）。しかしながら、この規定は、犯行時に心神喪失であれば、その後本心に回復しても処罰の対象にはならない。この点が仇討の場合とは異なっている。

　乱心者の行為が問題となった仇討について、仇人が本心に戻るのを待って仇討が認められた次の事例がある。

＊「常陸国鹿島郡磯浜村祝町浅田兄弟の敵討」

　文政元年（1818年）7月、相模小田原城主大久保加賀守忠真の足軽浅田只助は、同輩の成瀧萬助から傷害を受け、それが原因で死亡した。萬助は、捕り方によって逮捕されたが、乱心の様子があるため、吟味中入牢とされた。萬助の吟味が進捗しないまま2年を経過した文政3年（1820年）6月、相牢の者と図り巧みに牢を破って逃亡してしまった。このため浅田只助の養子の鉄蔵と実子の門次郎は、萬助が正気に戻ったとして仇討許可の申立をして許可を得た。文政3年8月、二人は出立し、鉄蔵は剣客に剣法を学び、只助の横死後7年目に萬助が水戸にいるとの情報を得て、磯浜村祝町で萬助を見つけ文政7年（1824年）4月27日、討ち取った。仇討後二人は、大久保家の士分に取り立てられ知行50石を賜った（平出鏗二郎前掲書88・190頁）。

　この事例は、巻頭にある「江戸時代仇討表」の121番である。以後この表を引用する場合は、「仇討表」という。

第4　仇討の対象となる殺害の原因について

　仇討では、仇人となる殺害者が、地域の共同体や仕事仲間らの以前からの知人である場合がほとんどである。しかしながら、仇討の対象になる仇人は、違法な行為によって殺人を犯した者であれば、全てその対象となる。これについて、仇討を認めるためには、殺害の原因が「喧嘩」である場合に限られるとして、肉親が強盗犯人によって謀殺された場合や、利得に絡む問題で相手方によって謀殺された場合には敵討は適用されないとする説がある。その理由として、これらの問題にあっては、幕府や藩の公権力が逮捕に乗り出すので、復讐行為をなすことはできないとされる（笠谷和比古『武士道その名誉の掟』179頁）。

　しかしながら、後記のとおり幕府が仇討を公認したのは、当時の幕藩体制の下では犯人が他藩に逃亡すると幕府や他藩の警察権が及ばないため、私人である討手に対し公儀に代わる警察権を認めたためである（後記第3節第2参照）。

　したがって、仇討の対象となる殺害行為は、金品を盗むために家宅侵入した盗人が見つかって居直り、家族を殺害して逃げた強盗殺人事件の場合もその対象になると解される。喧嘩以外の殺人犯を相手にした仇討の事例が存在しており、次の事例は、犯人が金銭を奪って逃亡した事案である。

＊「山本りよ江戸護持院ヶ原の仇討」（仇討表128番）

播州姫路の酒井雅楽頭の上屋敷で、金奉行の山本三右衛門が執務中に、中間の亀蔵が襲って現金を強奪し、三右衛門に重傷を負わせて逃亡し、三右衛門は翌朝絶命した。天保6年（1835年）7月11日、三右衛門の娘りよは、弟の宇兵衛と一緒に叔父九郎右衛門の助太刀を得て、江戸神田橋外の護持院ヶ原で仇人の亀蔵を討ち取った（千葉亀雄『新版日本仇討』48頁）。

しかしながら、後述の幕府に対する仇討の許可申請をするためには、仇人の氏名・族籍・年齢・被害者との関係などを特定する必要があるため、逃亡した仇人の氏名などが不明で相手を特定できない場合には、事実上許可申請が困難ではある。

第5　討手は被害者の目下の者であること

1　目下について

仇討は、目上の被害者（尊属）のために目下の者（卑属）がすることが要件であった。したがって、親・夫・兄・伯父・叔父らの目上の者が殺害され、その敵を目下の子・弟・甥らが討つ場合に限られており、子の敵を親が討ったり、弟の敵を兄が討つことは、逆縁すなわち逆敵討として許されなかった。伯父・叔父の場合も、まずその子なり弟のように、自分より近い者があればそちらが討手とな

る。主人の場合も同様に、その子なり弟があればその者が出るべきである。師匠の場合も、その子や弟が討手になり、弟子は助太刀の立場となる。そのような近い関係者がいない場合には、家来とか弟子が出ることになる。

　目下の者の殺害に対する制裁は、仇討ではなく幕府の公的な処罰によるべきこととされ、通常の刑事手続きでの処罰を奉行所に願い出ることになっていた。しかしながら、肉親間の至情は人としての自然な感情であり、子が親を思う情と親が子を思う情に違いはないと考えられる。むしろ「親の心子知らず」という諺にあるように、親が子を思う情の方が強いとも考えられるが、どうして目下の者に対する仇討が許されなかったのか。

　わが国では、鎌倉時代の初めから、仏教を中心とする中国の文明を盛んに取り入れてきたが、特に江戸時代は、家康がその政権の学問として朱子学を採用し、その普及や中国書の蒐集に努めたといわれている（吉川幸次郎『日本の心情』44頁）。儒教の国である中国では、古来、父母に対する犯罪を重大視して「悪逆不孝の罪」とし、父母の敵は「不倶戴天」とされていた。この考え方がわが国に取り入れられ、鎌倉時代になると禅宗が武士の宗教となり、武士道の影響で主君への忠義が加わって、中国の「父之讐不倶戴天」に君が加わり、「君父之讐不倶戴天」となった（大隈三好『敵討の歴史』18頁）。したがって、忠孝は目上の主君と親が対象であり、目下の者は忠孝から外れるため、目上の者の仇討であることが慣習になったと考えられる。ただし、この要件は厳格に適用されていたわけではなく、

例外も認められていた。具体例として次の事例がある。

＊「向坂平治兵衛伊豆三島の仇討」

　向坂平治兵衛という浪人の息子である千之丞は、ある旗本の小姓をしているうちに中小姓の額田源吾と深い仲となり、額田が連日のように千之丞の宿に通ってきた。このため、平治兵衛が、今後は我宅へ来ないようにと咎めた。ところが父の留守に来た際、千之丞から早く帰れと言われて額田は激怒し、脇差しを抜いて殺害した。ところが、千之丞には討つべき兄弟がなかったため、父親の平治兵衛が、伊豆の三島で討ち取った。千葉亀雄氏は、公儀に訴えて許可を取り、父が子の仇を討ったのはこの事例だけであると言われているが、仇討の年月日が不明であり、裏付資料はない（千葉亀雄前掲書237頁）。

　＊仇討メモ 【1】 熊沢蕃山の仇討ルール批判

　名君として名高い岡山藩主の池田光政に重用され、藩政に貢献した陽明学者の熊沢蕃山が、子の仇討を親が討てないとする幕府のルールがおかしいとして、「父を殺した者は理非にかかわらず敵として討たねばならないのに、子がどんなに正しかろうと、父親は殺された子の敵を討てない。そんな理不尽な法があるものか」として、このルールに疑問を提起したという話がある（氏家幹人『かたき討ち』167頁）。また松平信綱（伊豆守）が、熊沢蕃山に対し、主人の使いの途中で親の仇人に出会ったらどうすべきかと尋ねたら、「親の敵を持つ者は、奉公などしないでしょう」

と答えたと言われている。

2　夫と妻の仇討について

　夫の殺害者を妻が討つことについては、子供も弟もない場合には妻が出るが、子や弟がいればそちらが先である。実際には妻も一緒になり共同で討つ事例が多い。妻の殺害者を夫が討つことについて、平出氏は違法とされる。子や弟がいればそちらが討手となり、夫は一緒に共同で討つことになる。この件について、婚姻の席で恥辱を受けた妻が「此の者どもを斬り殺して給り候へ」と書き置きして自害し、夫が敵18人の大半を死傷させた事例について、妻の仇討に当たるとして無罪とされた事例がある（平出鏗二郎前掲書57頁）。この妻の行為は、いわゆる「指腹」による敵討であると考えられる（神保文夫『近世法実務の研究下』481頁）。指腹は武士による慣習として認められていた制度である。しかしながら、武士による慣習であった仇討が、江戸時代後期になると女性によっても行われるようになったことからすれば、これを女性を理由に否定する理由はない（指腹については、後記の第7章第5節第1参照）。なお、この事例は、夫が討つのは逆縁であるし、不審な点があり存在を疑問とする説がある（稲垣史生『仇討を考証する』48頁）。

第6　仇討の対象となる被害者の範囲について

　仇討の対象となる被害者は、肉親に限定されず主君・親・兄弟の他に、師匠・親方・友人などが殺害された場合も含まれていた。江戸時代の仇討の実例をみると、数としては少ないが、親兄弟の他に主君や身内以外であっても、仇討の対象者として認められている。

　このように仇討の範囲が広く認められた理由について、穂積陳重博士は、「復讐を美徳とし、親戚・朋友・族人に復讐義務ありとするのは、社会の統制力未だ発達せず、社会員各自の生存をその自衛に委せたる原始的社会の遺習である。文化低級の社会における復讐義務は団体的連帯義務にして、団体の一員が殺害された時は、同団体の各員または全員が被害者のために復讐をなす義務を負った。この連帯復讐義務は、団体生活の拡張及び社会組織の整備によりて、漸次その範囲を縮小した」とされる（穂積陳重『復讐と法律』116頁）。

第7　仇討の対象にならない殺害行為

　身内らが殺害されても、それに対する仇討が認められない場合がある。具体的には次の場合である（三田村鳶魚『敵討の話 幕府のスパイ政治 鳶魚江戸文庫８』20頁、稲垣史生前掲書38頁）。

①主君による手打の場合

　→主君に命令された殺害（上意討）も含む

②親が子を兄が弟を殺害した場合

　→目下の仇討であるため

③正規の果たし合いによる場合

　→双方合意の上で、一命を賭けた勝負であり、勝ち負けは双方納得の上であるため

④公儀による刑罰が既になされている場合

　→二重処罰になるため

⑤再敵討の場合

　→仇討の繰り返しになるため

⑥討手が仇人の家来に仕官して討つ場合

　→主君を討つことになるため

⑦戦場での一騎打ちの場合

　→果たし合いと同旨である

第3節　手続きが「適法な仇討」であるための要件

第1　事前に幕府の許可を得ること

　仇討をするためには、事前に幕府の許可を得る必要があった。これは実行しようとする仇討が、ルールに乗っ取っているか否かを事前にチェックするためでもあった。また仇討に名を借りて私怨を晴らしたり、復讐をするについて、殺された方が悪いにもかかわらず、その復讐をすることなどをチェックする機能もあった。このため討手は、まず藩

主に許可を願い出るが、主君の領内で仇人に出会うことが確実であればこれで十分である。ところが、仇人は藩外へ逃亡するのが通常であり、藩主の許可では効果がないため、藩主を通じて、幕府の町奉行所・寺社奉行所・勘定奉行所の三カ所へ届け出る必要があった。京都は所司代へ、地方では藩主または地頭へ願い出て、そこから幕府へ届けられた（敵討届という）。

　これが許可になれば、帳付（町奉行所に備え付けの敵討言上帳に、仇人の姓名・族籍・年齢・殺害の状況などを記入すること）を受け、町奉行所からその書替（謄本）を受け取り、討手はこれを携帯する必要があった。この書替があれば、どこでも仇討が可能であった。「敵討言上帳」は、江戸の町奉行所に備え付けられていた帳簿であり、当該敵討が合法的なものであるためには、あらかじめ奉行所に「敵討届」を提出し、この帳簿に記載（帳付）される必要があった。この事前の許可について、実際に仇討が行われた現地での取扱いについては、後記の「仇人を見つけた場合の処置」を参照されたい（第3章第1節第2）。

第2　犯人が藩外に逃亡したこと

　仇討が認められるためには、殺人を犯した犯人が藩の外に逃亡したことが必要であった。本来は公儀によるべきである刑事罰に代わり、私的な制裁である仇討が認められたのは、江戸時代の幕藩体制のもとでは、幕府の権力が各藩の領内には及ばないし、藩の権力は他藩の領内に及ばない

ため、その警察権が私人に委ねられたためである（後記第12章第2節「疑問点の1と2について」参照）。したがって仇討制度は、仇人が藩外へ逃亡したことが前提である。

第3 討手の順序について

被害者には直系の卑属がいるとは限らないため、近親者が複数いる場合、誰が討手になるのかという問題がある。これについては、血縁の近い近親者が討手になるのが原則であり、殺された者に子がいるのに子を差し置いて弟が兄の敵として討つことはできなかった。肉親の場合だけでなく、主人や師匠の仇討も同様であり、子がいればその子が討つのが順序であり、家来や弟子はあくまで助太刀として加わることになる。前記のように夫が被害者の場合は、妻は子や弟のないとき討手になり、子はいても嬰児や幼児の場合は、弟が代わって討つとされた（大隈三好前掲書147頁）。しかしながら、討手は一人に限られているわけではないので、被害者の子が複数であれば兄弟で討つことが可能であるし、妻についても、夫のための仇討の実例を見ると妻が息子と一緒に討手になっている例が多い。

第4 討手が幼少者の場合

被害者の死亡時に子が幼い場合には、子供を剣術に励ませ成長してから実行するということがなされた。江戸時代は男子は15歳で元服し、女子は14歳で島田髷を結い成人

を祝った。あまりにも年少の者による仇討については、申し出を受けた藩主により留保された例がある。「睦奥国中村原町佐々木清十郎の敵討」の事例は、父親が殺害された当時子の佐々木清十郎は6歳であった。清十郎には家来の中川十内がいて、清十郎のために敵討願いを出したところ、藩主から15歳になるまで鍛えてから敵討に出立するようにと沙汰があり、15歳になってから暇を賜り仇討に出た。仇討を成し遂げたのは19歳の時である（千葉亀雄前掲書349頁）。

　後記の赤穂義士の大石主税は15歳であり、浄瑠璃坂の仇討の奥平源八は16歳であった。最年少者の仇討は、武州針ヶ谷村松原の仇討の宮本庫太郎の7歳と言われているが、当然助太刀がいた（稲垣史生前掲書290頁、平出鏗二郎前掲書54頁）。また息子の敵を父親が討てないために、孫が大きくなってから、父がその助太刀をして討たせるという方法もあった。

＊「睦奥国中村原町佐々木清十郎の敵討」詳細は、後記第
　3章第1節第3を参照

第5　叔父叔母の仇討

　叔父・叔母については、通常はその子や兄弟がいると考えられる。その子や本人の兄弟が先であり、子や兄弟がいない場合に甥や姪の順番となる。

第2章　適法な仇討の要件

第6　再度の敵討（再敵討）の禁止

　喧嘩などで殺害された被害者の身内らによって、仇人への敵討がなされた場合に、仇人の親族がこれに対する敵討、いわゆる「仇討の仇討」をすること（再敵討という）は許されなかった。敵討は一回勝負であり、これを認めると「討った者が討たれて、討たれた者の身内がまた討つということで際限がない」ためである（平出鏗二郎前掲書69頁）。また一度目の敵討でもって、双方の死者のバランスがとれたのであるから、そこで双方の紛争は解決したとみなすという趣旨でもあった（笠谷和比古前掲書129頁）。喧嘩の結果、相打ちとなって双方が死亡した場合には、仇討の問題は生じないのと同じである。

第7　又候敵討について（その1）

　敵討は実力による勝負であるため、討手が仇人に殺害されて返り討になることがあるが、返り討をした者の刑事責任は問われない。討手が返り討にあって殺害された場合、返り討をされた者の身内が、その敵討をすること（又候敵討という）は、再敵討と同様に許されないとするのが通説である（石井良助前掲書299頁、平松義郎『近世刑事訴訟法の研究』575頁）。しかしながら、この返り討にあった者の身内による敵討（又候敵討）は認めるのが相当と考えられる。この問題は武士道の精神と密接な関係があるた

41

め、ここでは幕府が、返り討に対する「又候敵討」を認め
たと考えられる事例として、「伊勢国亀山城内石井兄弟の
仇討」などが存在することを指摘して、この問題について
は、後記武士道の項で検討することにする（後述の第6章
第4節「又候敵討について（その2）」を参照されたい）。

第8　二重処罰の禁止

　公儀により処罰がなされた殺人行為に対しては、仇討が
禁止された。このような仇討は、同一犯罪に対して二重の
処罰を科すことになるためである（平出鏗二郎前掲書46
頁）。明治維新政府が復讐（仇討）禁止令を制定する際、
司法卿の江藤新平が喝破したように、殺人犯の処罰は本来
国家の権利であり、仇討は私義をもって国の公権を侵害す
るものである。したがって、公認されたといっても、仇討
はあくまで公儀による処罰の不備を補うための補助的なも
のとして、私人に警察権を委ねた制度である（後記の第
12章第2節参照）。したがって、公儀による処罰がなされ
れば、当然それが優先することになる。仇討による二重処
罰は、先行する公儀による処罰が軽すぎることを不服とし
て行われるため、複雑な事例であることが多い。二重処罰
の仇討として、坂本龍馬や勝海舟が関与したとされる次の
事例がある。

42

第2章　適法な仇討の要件

＊「和泉国日根郡境橋の廣井磐之助の仇討」（仇討表160
　番）

　安政2年（1855年）10月2日、土佐高知の城主松平土
佐守豊信の徒士廣井大六が舟で釣に出た帰り道、同僚の棚
橋三郎が村社の祭酒で酩酊して通りかかり、向岸へ渡せと
言うので、渡舟が川上にあると言って断った。これに怒っ
た三郎は、刀を抜いて斬りかかり、舟に飛び乗ってきたた
め、これを避けようとした大六は、水中に落ちて溺死した。
これにより三郎は逮捕され、禄を召し上げられて他国へ追
放処分となった。廣井大六の子である磐之助は、父の怨み
を晴らすため、文久3年（1863年）2月、三郎探索の旅
に出た。この間に槍術を修行したり、虚無僧になったりし
て各地を歩き回ったが、何の手がかりもなかった。その後
大坂に着くと、偶々将軍家茂のお供をした幕府の高官であ
る勝海舟（勝麟太郎）が上洛していることを知り、郷里の
先輩である坂本竜馬の紹介により勝海舟と面会した。勝海
舟は、磐之助の志を感じていろいろと忠告をし、急がずに
時を待てと説いたうえ、次のような一札を与えた。

　　「拙者門人廣井磐之助、父之仇有之者にて、右の仇見当
　　たり次第相果たされ候間、万事御法通り御作法下さる
　　べく候」御軍艦奉行　勝　麟太郎
　　各国役人中

　磐之助は、これを持って三郎の行方を捜し回った結果、
三郎が紀州藩に捕らえられており、近日国境で追放になる

ことが判明した。文久3年（1863年）6月2日、三郎が国境の橋上に連行されて追放されると、磐之助は名乗りを上げたうえ、相手に刀を与えて勝負をし、多くの見物の前で見事討ち取った。

この仇討は、藩との二重処罰になるため違法である。ところが、磐之助の心情や仇討のために9年もの艱難辛苦を乗り越えて討ち取った事情などが斟酌されて、無罪とされた。勝海舟の書いた書面も当然考慮されたと考えられる（平出鏗二郎前掲書209頁、千葉亀雄前掲書466頁）。高知市の郊外に磐之助の墓碑があり、伯爵となった勝安芳（麟太郎）が揮毫したとされる文字が刻まれている（依光貫之「山中渓の仇討ち」（歴史読本42巻1号111頁）。

また公儀の手で処罰されようとしていた者に対する仇討をして、有罪とされた事例がある。

＊「常州柏崎村茂八の仇討」（仇討表127番）
天保4年（1833年）4月、常陸新治郡柏崎村の百姓茂八は、父親の伝七が、下総国結城郡上山川村で、百姓の富五郎のために殺害されたと聞いて現場に駆けつけた。ところが、富五郎は既に逮捕されて村預けとなり、番人が付き添っていた。茂八はそれにもかまわず富五郎を殺害して討ち取った。このため茂八は、罰せられて手鎖に処せられた（平出鏗二郎前掲書48頁）。

この事例は、公儀の刑罰権を侵害したものであり、仇討

とは認められずに有罪とされたが、公儀による処罰の前であることなどを考慮して、手鎖（手が使えなくする刑具）をはめる軽罪にしたと考えられる。

第9　仇討場所の制限

禁裏（皇居）・江戸城内、築地・芝増上寺・上野寛永寺及びこれらに準ずる場所での仇討は禁止されていた。これに準ずる場所としては、日光山の将軍廟所・大坂城・駿府城の各城内などがあった。

第10　助太刀について

討手には助太刀が許されていた。討手が幼少の場合や女性の場合などに助勢するためである。助太刀も討手と同様に幕府の奉行所への帳付けをする必要があった。助太刀は、仇討の際に脇役としてなるべく本人に討たせて、討手が危なくならないと手出しをしないのが作法である。仇討には返り討が認められているので、相手が自分より強い場合には、助太刀を頼むことが多い（堀部安兵衛、荒木又右衛門）。助太刀については、逆縁すなわち目上の者が目下の者の助太刀をすることも許されていた。弱い者を助けるために助太刀をするのであるから当然である。

なお、討手とその家族には手当が出たが、助太刀には、手当などの保護は与えられなかったとの指摘がある（平出鏗二郎前掲書74頁）。しかしながら、後述の「越後国新発

田藩の久米幸太郎の仇討」では、藩が支援して、討手が幼少なため助太刀として同行した叔父留五郎にも、刀一振りと金50両が与えられている（長谷川伸『日本敵討ち集成』248頁）。

第11　追討について

　仇討を成し遂げた討手にとってのリスクは、仇人の関係者に追討をされることであった。忠臣蔵の赤穂事件では、赤穂浪士は、討ち取った上野介の首を浅野家の菩提寺である泉岳寺の内匠頭の墓前に供えるために泉岳寺へ向かったが、大石内蔵助の心配は、上野介の親戚である上杉家の追討であった。このため、両国橋の東詰めまで来て上杉家の討手を待つ手筈を整えた。そして、その気配がないことを確認してから泉岳寺へと向かった。前記のとおり、仇討の討手を殺害するのは再敵討として禁じられていた。ところが、仇人の縁者や知人に討たれたり、仇討に出立した後に他の藩主に仕えていたなど、知名度の高い武士に身を寄せていた場合、自分の家に召し抱えた者や自分が匿って世話をした者をむざむざ討たせては、武士の面目が立たないという考え方があり、仇討に対して追討をすることが元禄以前には多くあったと言われている。ところが、追討によって再敵討を成し遂げたという具体的事例は示されていない（平出鏗二郎前掲書86頁）。

第2章　適法な仇討の要件

第4節　仇討の義務性について

　仇討は、法令ではなく慣習として認められていた。したがって、被害者の身内らは仇討をする法的な義務はなかった。仇討は、正規の手続きを踏めば適法となる行為であり、成功すれば讃美され褒美が出た。しかしその半面として、主君や親兄弟が殺害されれば、その復讐のために仇討をすることは武士として当然のこととされた。親が殺されても復讐をしなかったとして処罰された次の事例がある。

＊「富山藩重臣山田嘉膳の子の仇討不申告」
　慶応元年（1865年）に富山藩の家老山田嘉膳が、藩士の島田勝摩に殺害された。ところが、その子である兄の山田鹿之助と弟の宮地鑼馬の二人は、仇討の申し出をしなかった。このため、武士にあるまじき事であるとして、家屋敷・家財など召し上げの上追放処分になった。しかも弟の宮地鑼馬は、他家へ養子に行っていたのに処分を免れなかった（平出鏗二郎前掲書114頁）。
　なお、上記弟の名前については、「宮地鑼馬」とする有力な史料があるが（南越書屋「北陸関連の歴史事件第1回」「富山藩家老・山田嘉膳暗殺事件」、平出鏗二郎氏が引用されている史料では、「定地璡馬」となっている（「藤岡屋日記巻百十四」122頁、明治大学図書館所蔵）。

　このように慣習法であった仇討は、法令による義務はな

47

いけれども、武士道の道徳から派生した「武士の一分」として、主君・親の仇討を成し遂げるべき当然の行為と考えられていた。このため武士の名誉を保つための掟となり、武士にとっては事実上の義務となっていたのである。

第5節　仇討の禁止について

　薩摩藩では、同じ武士であっても下級武士の徒士（騎乗できない）以下は、仇討が許されなかった。したがって、町人・百姓も当然できないことになる（平出鏗二郎前掲書52頁）。薩摩藩の仇討として、次の事例がある。

＊「お弁薩摩不川山の仇討」（仇討表95番）
　明和7年（1770年）、薩摩藩の矢野長左衛門は、上司の息子の婚礼で余興の腕相撲に負けたことや、二人が営む各道場の入門者の多少による僻みなどから、足軽小頭の高橋甚右衛門に対して恨みを抱き、猟銃で撃って殺害した。このため甚右衛門の娘で勝ち気なお弁が仇討をしようとしたが、薩摩藩では徒士以下の者には許されないため、仇討届ができなかった。このため、父の上司の鵜原平馬に相談すると、表立って仇討はできないが、密かに謀を以て敵を討つのは孝心の道であるとして、お弁を一刀流達人の山本喜八に頼んで助太刀をさせ、明和8年（1771年）4月13日、長左衛門が猟に出て山から下りてきたところを、その不意をついて討ち取った。しかし御法度の仇討であるため、平馬はすぐに薩摩を離れるように計らった。お弁はその日の

48

うちに江戸に向かい、尼になって一生を送り暮らしたと伝えられる（千葉亀雄前掲書35頁、稲垣史生『仇討を考証する』209頁）。

第3章
仇討の実情

第1節　仇討の実行について

第1　主君へ暇願の提出

　江戸時代の武士は領内から外へ出るには届出が必要であり、仇討だからといって無断で家を出れば出奔者とみなされた。したがって、仇討をするには、まず公認をしてもらうために主君を通じて幕府へ願書を提出する。敵討が許可になった場合には、主君に「暇願」を提出する。これは奉仕中に仇討はできないし、返り討に遭うと藩の名誉を汚すことになるためである。暇願によるお暇は通常3年間とされたが、敵を討たない限り戻れないので、実際は無期限であった。江戸時代は、武士道が鼓舞されていたため、藩の大名は仇討に出る臣下に、養扶持として手当金（30両前後）を支給し、3年間は妻子の生活が保証された。

第2　仇人を見つけた場合の処置

　討手が追っていた仇人を見つけた場合は、その地の役所に届け出て、敵討を願い出る。役所は仇人と名差しされた者を拘束して討手も留め置き、江戸に処理方を伺う。江戸では、町奉行所の帳簿を調査の上、敵討に相違ない時は敵討をさせる旨の指令を与えた。現地ではこれを受けたのち、竹矢来などを設けて双方に決闘をさせた。もしこのような手続きを取る余裕がないときは、路上で直ちに名乗りを上

第3章　仇討の実情

げて討ってもよく、討ち取ればその地の役所に届け出て、その検視を受けるべきであり、現地の役所が江戸に伺うことは前記と同じである（平松義郎前掲書574頁）。

　しかしながら、この前段にあるような手続きをとることは実際には難しいと考えられる。討手の武士は仇討を成し遂げない限り、その身分も職も元に復されないし、特に武家の当主が殺害された場合には、嫡子が仇討を成就しないと、家名の継承が許されなかった。このため逃亡した仇人を追って何年もかけて全国を捜し回り、やっとの思いで仇人を見つけた場合、長年の怨念を果たすためには、相手に逃げられない間に不意打ち的に討ち取るのが実情であり、上記のような手続きをとるような余裕はなかった。したがって、実際には後段にあるように、相手を討ち取った後に報告をする、事後報告が実情であった。

　事前に幕府の許可を得ないで行った仇討については、現場では即違法とするのではなく、仇討届の処理に関する取り調べを受けるために身柄を拘束されるが、調査の結果、仇討に間違いのないことが判明すれば無罪となった（平松義郎前掲書575頁）。事例として、次の事件がある。

＊「江戸浅草御蔵前片町徳力寛蔵の敵討」（仇討表104番）
　寛政5年（1793年）2月24日、雇主に解雇された雇人長松がこれを恨み、夜間密かに忍び込んで雇主を殺害し、金を奪って逃走した。このため、寛政12年（1800年）10月9日、雇主の息子徳力寛蔵が、長松を見つけて討ち取った。この事例は事前の届出がなかったが、仇討と認められ

て無罪となった（平出鏗二郎前掲書185頁）。

第3　竹矢来の中での仇討について

　芝居や講談では仇討をする場合、四方を竹矢来で囲んで
公衆に見物を許し、その中で太鼓を打つのを合図に開始す
る光景がある。前記のとおり、実際にはこのような事例は
ほとんどなく、記録の残っている実例は次の2件だけであ
る。これらの事例は先例ではあるが、このような慣習があ
ったと認めるのは困難である。もう1件の「宮城野信夫の
仙台娘の仇討」は、作り話と言われている（後記第8章第
4節第3参照、三田村鳶魚前掲書76頁）。

＊「陸奥国中村原町佐々木清十郎の敵討」（仇討表93番）
　豊後森の佐々木軍右衛門の弟九郎右衛門は、兄嫁に恋慕
して不義を働き、寛延3年（1750年）に同女を連れ出し
た。ところが、妻敵討を恐れて軍右衛門宅に忍び込み、兄
を殺害して逃走した。これを知った軍右衛門の家来中川十
内は、城主信濃守に仇討を願い出た。信濃守は、軍右衛門
の嫡子清十郎がまだ6歳であるから15歳まで待ち、その
上で仇討をするようにと助言した。このため十内は清十郎
に剣術を習わせ仇討の準備をさせ、15歳になった清十郎
は仇討願を出し、十内とその弟の弥五郎を連れて出立し、
膏薬売りに姿を変えて捜索した。清十郎らは、宝暦12年
（1762年）、九郎右衛門が仙台にいるとの情報を得て、相
馬郡中村の講釈場で講釈師をしている九郎右衛門を見つけ、

54

城主に届け出た。相馬家では、九郎右衛門を拘束すると軍右衛門の殺害を白状したため、幕府に伺いの上、二十間に十間の矢来を作り、同13年5月25日、警備の士を出して本懐を遂げさせた（平出鏗二郎前掲書169頁）。

＊「常州土浦の事例」

　土浦藩主松平信興の江戸屋敷に、領内である土浦にいる仇人の敵討を願い出た者がいた。このため土浦の二の丸に竹矢来を設けて勝負させた（三田村鳶魚前掲書77頁）。

第4　果たし合い（決闘）について

　正式な果たし合い（決闘）は、双方合意の上、命を懸けて堂々と勝負をするのであるから、負けた者の身内による仇討は生じない。しかしながら、当事者の一方が、事前の約束に反する卑怯な行為をして相手を殺害した場合には、殺害が違法となり、仇討の対象となった。果たし状を受けた場合、これに応じるのが当然であった。これを拒否すれば卑怯者・臆病者と非難され、武士にとっては名誉に関わり、死に匹敵する恥辱であったからである。堀部安兵衛が高田馬場で助太刀をした件は、果たし状による果たし合いであるので、本来は仇討ではない。ところが、相手方が合意のない助太刀を連れてきたことから、違法とする余地がある。果たし合いを合意した仇人が、当日に助太刀と一緒にやってきて、討手を返り討にした次の事例がある。

＊「崇禅寺松原・安藤兄弟の敵討」（仇討表66番）

　正徳5年（1715年）5月14日、生田伝八郎は、剣術の論争から遠城惣左衛門を殺害して姿を消した。惣左衛門の兄である治左衛門と喜八郎の二人は、伝八郎の行方を捜し回った。伝八郎は、遠城兄弟が自分を捜していると聞いて二人に果たし状を送り、11月4日に崇禅寺の松原での果たし合いを申し出た。治佐衛門兄弟は、晴れの勝負をしようと返事をし、約束の当日二人が現場へ出かけると伝八郎は待っていた。ところが二人が行くと、葭の茂みから助太刀7、8人が現れて、兄弟二人は返り討をされてしまった。ところが、伝八郎は、後日近くの墓地で切腹をして自害した。これは返り討の方法が、武士道に反する卑怯であることを本人が自認していたためと考えられる。この件は、伝八郎が切腹をした際、「いさぎよく死出の雪見る今宵かな」という辞世の句を残していたことや、『雨月物語』を書いた上田秋成が、この生田伝八郎の遺子であるという説があることで有名である（平出鏗二郎前掲書157頁）。

第5　仇討前の名乗りについて

「渡辺源太夫の兄数馬なり、弟の敵河合又五郎いざ尋常に勝負！」。これは伊賀上野の「鍵屋の辻の仇討」前の口上である。歌舞伎や講談で演じられる仇討では、このようにまず討手が名乗りを上げて、身内による仇討であることを宣言してから開始するというのが通常である。前記伊達家の『塵芥集』では、仇討は禁止されていたが、法によって

処罰されて放免された後、領内を徘徊していた場合には、出会い次第、「親の敵・子の敵と名乗って討ち取っても差し支えない」として、名乗りについての定めがあった。名乗りには相手が仇人であり人違いではないことを確認するという意味もあったが、実際にはこのような名乗りはあまり行われていなかった。

＊仇討メモ 【2】仇討前の名乗りの実情

　稲垣史生氏は、仇討事例についての名乗りの「実況敵討表」を示している。これによると、40件のうち、全く名乗らない不意討ちが9件（22％）、形だけ名乗った不意討ちが18件（44％）、堂々と名乗った尋常の勝負が13件（32％）となっており、不意討ちやそれに近いものが、全体の約7割を占めている（稲垣史生『時代考証事典』405頁）。

　長年艱難辛苦の旅をして捜し回り、やっとの思いで見つけた討手にとっては千載一遇のチャンスであり、仇人である相手を討ち取ることが第一である。このため、実際には不意討ちが多く、仇討前に堂々と名乗りを上げて相手に武器を取る機会を与えて、対等の条件で戦う事例は少なかった。現実問題として特に討手が平民や女性の場合には、不意討ちでなければ相手を討ち取ることは困難であり、平民らに正々堂々と名乗りをして、相手に受けて立つ余裕を与えることを求めるのも酷である。

実況敵討表

	名乗った尋常の勝負	形だけ名乗った不意討	全然名乗らない不意討	計
武　士	9	9	7	25
庶　民	2	6	1	9
女	2	3	1	6
計	13	18	9	40

（稲垣史生『時代考証事典』より）

第6　人違いの仇討について

　仇討では、相手が自分が捜索している仇人であり、人違いではないことを確認することが前提である。ところが、人違いの仇討として次の事例がある。

＊「見当違いの仇討」

　元禄の頃、荏原郡三田の小田原町で、編笠を被った荒巻十佐衛門が馬で通りかかったところ、ある武士が、「親の仇、馬から下りろ」と声を掛けた。このため下りようとした十佐衛門の足を下僕が切りつけ、馬から落ちたところを武士が殺害した。ところが、編笠を取ってみると仇人とは全くの別人であった。このため、間違えて斬った旨を役所へ通告し、武士は、「自分が責任を取るが、今は越後にい

る父親の敵を討ちにいく途中である。このため仇を討つまで下僕の命をお借りしたい。下僕が越後で仇討を遂げればいかなる処分も受ける」と申し出た。検使はこれを聞き入れて、下僕を許して武士だけに切腹をさせた。翌年下僕は仇討を成し遂げて帰ってきたが、吟味の上、荒巻十佐衛門にも落ち度があるとして無罪となった（千葉亀雄前掲書133頁）。

第7　仇人が死亡していた場合

　仇討を成し遂げる前に、仇人が病気などで死亡していることがある。この場合には、仇人が死亡した事実を証明すれば、仇討をしたと同じ取り扱いを受けた。そのため死亡についての確実な証拠を持ち帰り、仇討の放棄や失敗でないことを証明する必要があった。帰参の口実として仇人の死亡を偽装するのを防ぐためと、領主らが仇人の死亡を奉行所に届け出るのに必要であった。追っていた仇人が自殺をして埋葬されていたため、お寺の住職の口上書を証拠として持ち帰った事例がある（神保文夫前掲書444頁）。

＊仇討メモ 【3】徳川家康の仇討観

　家康が隠居後、将軍秀忠が家来一同に対し、「大御所は、皆の親はよくご存じであるが子供はご存じでない。一人一人名乗ってお目見得申し上げよ」と命じた。このため、順番に名乗りを上げた中で、向坂五郎・六郎が名乗りを上げると、家康は、「二人の父親には兄の敵があり、自分で討

つつもりでいたところ、知人が『仇人の家を見つけた。助太刀をするからすぐ準備するように』と勧めた。ところが父親は、「御身と親しくしたのは助太刀を頼むためではない。」と言って断った。ところが、その後間もなく仇人が病死してしまった。家康は、「仇人が病死してしまったが、これは時機に遅れて打ち損じたのである。君父の敵というものは、名聞に構ってはいかぬ。自分一人で討つことが格別手柄というものではない。とにかく早く討ち取る事が肝腎なのだ」と説いたという（千葉亀雄前掲書84頁）。

第2節　仇討の事後処置について

第1　仇討成就の届出

　仇を討って本願成就した時は、江戸市中では武家屋敷の辻番所に届出をして「帳消」の手続きを取る必要があった。辻番人から大目付に届けられ、討手の供述書を取って検死をする（平出鏗二郎前掲書88頁）。他藩で討った場合には、当地の領主に申し出ると、領主は検使を派遣して確認し、幕府に伺うのは前記と同様である（石井良助前掲書299頁）。仇討がなされた後の対処については、以下のとおり辻番の処置がなされた。

　天保6年（1835年）7月13日丑三つ（午前2時）、神田橋の御門外の組合辻番へ敵討成就の届出があった。山本りよという武家の娘が父と兄の敵である下僕の亀蔵を討った事件で、辻番は直ちに頭取、年番、月番の組合屋敷へ回報

する。辻番からの急報により頭取屋敷からは本多伊予守
(伊勢神戸一万五千国の領主)の家来吉田甚五右衛門、年
番屋敷から遠藤但馬守家来山本頼母、月番の鵜殿吉之丞の
家来玉木勝三郎が出会して、討手の山本りよ、助勢の九郎
佐衛門、文吉を訊問し、西丸へ届け出た。7月28日には、
南町奉行筒井伊賀守政憲から呼び出しがあり、3人が出頭
すると奇特なる儀につきお構いなしとの達書を下付された
(千葉亀雄前掲書51頁、大隈三好前掲書128頁)。

第2　故郷への凱旋

　仇討は、忠臣孝子の行いとして称賛されたが、仇討の成
功は身内だけでなく、家臣の所属する藩の名誉でもあった。
返り討になると藩の面目を汚すことになるため、諸藩は陰
に陽に助力して本人の不在中は妻子を扶助し、首尾良く仇
討に成功すると藩主が歓迎し、故郷へ帰参した討手に褒美
を与え、禄を加増して取り立てたりした。文政7年(1824
年)4月27日の常陸国鹿島郡磯浜村祝町浅田兄弟の仇討
では、水戸家から討手の二人に、お金が千疋(1疋は10
文)に、紬縞の単衣、竜紋の小紋羽織、川越平の袴、琥珀
の帯留め、その他襦袢から手拭いまで授与された。さらに
旧主人からは、目付役を始め総勢20人を遣わして迎え、
帰参すると禄を加増し、身分を上げて取り立てられた(平
出鏗二郎前掲書88・190頁)。また後記「越後国新発田藩
の久米幸太郎の仇討」の事例では、父の死から40年、仇
討の旅に出てから30年後に仇討に成功し、久米家は再興

されて、仇討を成し遂げた幸太郎には250石が与えられ、
寺社町奉行にまで任命された（68頁参照）。
　ところが、江戸時代の中期以降は、平民による仇討が多
くなり、武士についても次第にこのような優遇はなされな
くなったと言われている。

第4章
仇討の実態

第1節　仇討の目的

　仇討の目的、すなわち誰のためになされたのか。「江戸時代仇討表」（巻頭）によると、父のため88件・母のため13件・兄のため36件・弟のため９件・祖父母のため２件・叔父叔母のため10件・夫のため４件・甥のため２件・従兄弟のため１件・主人のため６件・友人（恋人）のため３件・師のため１件・その他４件・不明１件である。これによると、父・兄・母・叔父・伯父などの身内のためが中心である。合計数が事件数を上回るのは、討手が複数人によってなされた場合、各討手の相手が異なる身分となるためである。主人のためが６件あるが、このうち藩主らの主君のためは、仇討表61番の赤穂事件（忠臣蔵）と74番の「江戸浜田侯松平周防守邸山路の敵討」の２件だけであり、その他は、主人といっても平民の雇用主などである。

＊「江戸松平周防守邸山路の敵討」（仇討表74番）
　享保８年（1723年）３月27日、石見浜田の城主松平周防守康豊の江戸屋敷で、奥方の局にいた滝野が、奥方から急用で呼ばれ、慌てて草履を履いて行った。ところが、それが中老沢野のものであったため、奥方の前で草履泥棒などと悪口雑言を浴びせてこっぴどく叱りつけ、滝野は手を突いて謝ったが聞き入れず、草履を滝野に投げつけた。涙ぐんで部屋に戻った滝野は、遺書を書いて召使いの山路に、母に届けるように命じた。使いに出た山路は、主人の様子

第4章　仇討の実態

が気になって文を開いてみると自害するとあり、慌てて帰ったが、滝野は匕首で自害していた。山路は血が付いたままの匕首を持って沢野の部屋に向かい、滝野がお目にかかりたいことがあるのでおいで願いたいと告げ、滝野の部屋まで同行した。部屋に着くと山路は、いきなり主人の敵と叫びながら、匕首で沢野の脇腹を突き刺して殺害した（平出鏗二郎前掲書164頁、千葉亀雄前掲書32頁）。

第2節　「義侠に出づる敵討」について

　平出鏗二郎氏は、主のためでもなく師のためでもないほんの一時の義により、全く見ず知らずの仇人のためにした備前岡山藩の「成瀬太左衛門岡山の仇討」を例示して、これを「義侠に出づる敵討」と述べられている。

　享保18年（1733年）に岡山藩の堀又右衛門（小林浅右衛門）に殺害された田宮軍治の弟、田宮伝右衛門が、兄の仇討をしようとしたが、相手の身分が高くどうすることもできなかった。これを知った見ず知らずの藩士、成瀬太左衛門は、志に感じ助太刀を約束した。ところが伝右衛門は、堀又右衛門の意を受けた成田仁右衛門の返り討ちに遭って横死した。このため太左衛門は、成田仁右衛門を討ち取り、さらに仇人の堀又右衛門と掛け合い、果たし合いをして寛保元年（1741年）6月2日に又右衛門を討ち取った。この件では、岡山藩主池田氏が太左衛門の義気に感嘆し、褒美を与えて扶持も増額したとされる（平出鏗二郎前掲書64頁、千葉亀雄前掲書336頁）。

三田村鳶魚氏は、本件について、敵討は人間の行き詰まった情合から出るものでなければならないとして、この事例は敵討とは認められないとされる（三田村鳶魚前掲書26頁）。堀又右衛門とは果たし合いであるので責任は問われない。ところが成田仁右衛門についても敵討ではないとすると、太左衛門は殺人罪の責任（死刑）を問われることになる。太左衛門は助太刀であるし、「人間の行き詰まった情合から出ること」を仇討の成立要件とするのは疑問である（仇討表84番）。

第3節　至難の業

　仇討をするためには、仇人の所在を突き止める必要がありこれが難問である。住所不定の者のありかを日本国中で捜そうとするのは、「米倉の中の米粒一つを捜すようなものである」（森鷗外『護持院原の敵討』）。どこへ逃げたか分からない敵を捜して全国を歩き回り、数年どころか20年も30年も、時には53年も捜索した例がある。親が殺害された当時、子が幼児であれば、相手の顔も知らない者が仇人を捜して旅をすることになる。平民が武士を討とうとする場合、剣術の修行をしたり、武家屋敷に奉公して剣術を学んでから討つ例もあった。

　武士は仇討を成し遂げない限り、その身分も職も元に復されなかったし、特に武家の当主が殺害されると、家断絶、知行は召し上げとなるため、嫡子が仇を討って家を再興する必要があり、家督相続や生活の保障のためにはどうして

第4章 仇討の実態

も仇討を成し遂げねばならなかった。このため、仇討に出た以上、これを成就しないと国への帰参はできなかった。このように仇討は、単なる私人の復讐ではなく、藩の名誉や家の存続をかけた大仕事であり、相手が強ければ返り討で殺害されることがある。一番の問題は毎日の生活費や旅費の工面である。このため、中間・草履取り・膏薬売り・行商人・日雇い人足・放下僧などの慣れない仕事をし、中には野宿をして物乞いまでした者もあった。最後まで仇人に出会えず、仇討を諦めて転職したり出家したりしたが、仇討を諦めることに武士の一分が立たないとして切腹したり、行き倒れにより野垂れ死にをした者もあった。諸大名の記録の中には、仇討に出たまま消息がなくなり、絶家となるという記載が多いといわれている（三田村鳶魚前掲書88頁）。

＊仇討メモ 【4】豊前さんの墓

佐賀藩東目白郷の皿山にある松本家の墓地に「豊前さんの墓」という墓がある。同家の言い伝えによると、豊前さんは、豊前（小倉）の武士で仇人を捜して九州各地を回り、皿山集落で行き倒れになったのを松本家の先祖が助けたが死亡した。豊前の侍というだけで、いつのことかどこの誰かも不明であり、仇討の悲惨さを伝えるものである（大隈三好前掲書145頁）。

第4節　仇討の実情

　仇討に出た討手の艱難辛苦の実態を知るには、越後国新発田藩の久米幸太郎の仇討が参考になる。この仇討は、NHKの教養番組『堂々日本史18』「江戸の掟、仇討ちの真実」で放送されたもので、討手の親族の残した覚書などを基にして、仇討の開始から成功までの経過を辿ったものである。

＊「越後国新発田藩の久米幸太郎の仇討」（仇討表157番）
　文化14年（1817年）12月15日、越後新発田藩の家臣久米弥五兵衛は、同僚の滝沢休右衛門と藩の用金の使い込みを巡って口論となり、休右衛門は弥五兵衛を殺害し逃亡した。久米家には当時7歳の幸太郎、4歳の盛次郎、庶子の弥六3歳があった。藩は、長男幸太郎の家督相続を認めず、久米家は断絶となり藩から与えられていた屋敷も返還させられた。これを再興するには、息子らが仇討を成し遂げる必要があった。7歳の幸太郎は剣術の訓練を始め、18歳になった文政11年（1828年）5月、弟の盛次郎と藩へ仇討届を提出し、滝沢休右衛門の顔の分かる叔父の板倉留六郎が助太刀になり、奉公人の藤助と4人で仇討に出た。庶子である弥六も必死に泣いて同行を希望したが、本妻に討手から除かれたため、出家して僧になった。4人は、各地を巡り、この間に六十六部（全国66カ所の霊場を巡礼して、書写した法華経を奉納する修行者）や虚無僧になったりし

たが、休右衛門の行方は全く分からなかった。このため、幸太郎と藤助、弟の盛次郎と叔父留六郎の二手に分かれて捜索することにしたが、奉公人の藤助は病気で死亡し、弟は旅に疲れて仇討を断念して水戸藩の足軽に仕官し、助太刀の叔父も侍をやめて信州へ戻ってしまった。このため幸太郎が一人で仇人を追うことになり、生活費を得るために駕籠かきや土木の作業員などをしてしのいだ。国を出て30年後の安政4年（1857年）10月、親族から仇人に似た人物がいるという連絡があり、休右衛門は、出家して僧侶になり、黙昭と称して現在の宮城県石巻市の梅渓寺にいることが分かった。幸太郎は、梅渓寺に行って多くの位牌の中に父弥五兵衛の戒名である「雪路院寒月跡栄居士」があるのを見つけて、この寺の住職が休右衛門であると判断したが、休右衛門とは違う年若い僧であった。位牌のことを尋ねると、この位牌は亡父のものであり、自分は庶子の弥六であると名乗った。さらにこの先に洞福寺という末寺があり、そこの住職の黙昭が、82歳で越後訛りがあり、休右衛門かも知れないという。40年も捜し求めていた相手が、自分も討手になりたいと望んで泣いた庶子の弥六の傍にいたのである。人相を確認するため休右衛門を知る新発田藩士を呼び、僧侶の黙昭を休右衛門と確認した。仇を討つため安政4年（1857年）10月9日、黙昭を梅渓寺へ呼んでもらい、途中の祝田浜で待ち伏せをした。やってきた相手に、幸太郎が名乗りを上げると、相手は人違いを主張した。ところが、顔見知りの藩士に詰め寄られて休右衛門であることを認めたため、幸太郎が相手を討ち取り、父の死から

69

41年後に念願を成就した。これにより久米家は再興されて幸太郎には250石が与えられ、さらには寺社町奉行にまで抜擢された。他方、仇人の休右衛門は逃走中に出家して僧侶になり、使用していた杖を仕込杖にしてこれを常時身につけていた。討たれた時の年齢は81歳であり、仇人にも厳しい人生であった（長谷川伸『日本敵討ち異相』287頁）。

＊仇討メモ 【5】臥薪嘗胆の語源について

　臥薪嘗胆という言葉は、古代中国の春秋時代に、呉王の夫差が越王の勾践を討って父の仇を討とうと志し、常に薪の中に臥して身を苦しめ、また勾践が呉を討って会稽の恥をすすごうと期し、にがい胆をなめて報復を忘れまいとした故事から、仇をはらそうと長い間苦心・苦労を重ねることをいい、転じて、将来の成功を期して長い間辛苦艱難することをいう語源となった（新村出編『広辞苑』）。

第5節　仇討の所要年数について

　巻頭の江戸時代仇討表は、仇討に成功した事例を一覧表にしたものである。これによると討手が仇討を成し遂げるために要した年数は、10年以上を要した事例が多い。江戸時代の仇討について、その成功までに要した年月の多い順に並べたものとして、中田節子氏が作成された「敵を求めた年月ベストテン」がある（「大江戸なんでもランキング」61頁）。これには、「敵討に一生をかけた人々」として、

第4章　仇討の実態

仇討所要年数ランキング

	捜した年月	討手（助太刀）	敵	時	所
1	53年ぶり	宥憲　とませ	母の敵・百姓源八郎	1853年（嘉永6）7月14日	陸奥鹿島宿
2	41年ぶり	久米幸太郎	父の敵・滝澤休右衛門	1857年（安政4）10月9日	陸奥祝田浜
3	29年ぶり	百姓・鈴木善六	父の敵・六之助	1742年（寛保2）5月23日	陸奥野手崎
4	28年ぶり	伊東はる（助太刀＝下僕鉄平）	父の敵・大西助次郎	1722年（享保7）8月12日	相州小田原
5	28年ぶり	石井源蔵兄弟	父の敵・赤堀源五右衛門	1701年（元禄14）5月9日	伊勢亀山城下
6	26年ぶり	徳治　やす	父の敵・早坂喜十郎	1838年（天保9）11月11日	陸奥涌谷
7	23年ぶり	百姓・権次郎	母の敵・百姓藤助	1816年（文化13）9月20日	下総大福田村
8	21年ぶり	百姓・茂助　つや	父と夫の敵・百姓吉兵衛	1765年（明和2）7月25日	常陸大足村
9	21年ぶり	太田六助	父の敵・山田金兵衛	1854年（安政1）6月26日	江戸住吉町
10	21年ぶり	多賀孫左衛門	兄と伯父の敵・内藤八右衛門	1641年（寛永18）日時不明	江戸神田

長い年月を掛けた討手の執念は驚異というしかないとして
称賛されている。討手が何年も苦労して成し遂げた年数の
長さを、「ベストテン」と称して比較するのは、若干抵抗
があるので、これを「仇討所要年数ランキング」として引
用させていただくことにした。これによると、なんと53
年もかけて成し遂げた事例がある（58年とあるのは、53
年と考えられる）。これらの事例の討手は仕事も家族も捨
てて、逃亡した仇人を何十年も追跡してやっと成功したの
であり、仇討をするために生まれてきたような人生であっ
た。現実の問題としては、前記のように身内や藩主の期待
を背負って仇討に出た以上、成功するまで止めることがで
きなかったのである。しかも後記のように、仇討の成功率
がわずか1％程度にすぎなかったことを考慮すると、仇討
は実に過酷な苦行であり、非人道的な制度であったと考え
られる。

＊「陸奥国行方郡鹿島宿陽山寺とませ母子の敵討」（仇討
　表147番）

　陸奥国の修験者宥源の妻とませは、7歳の時に母が、同
村の源八郎に猟銃で射殺された。とませは宥源の妻になり、
宥憲という子ができたが、母の横死が残念で何としても仇
を討ちたいと考えていた。逃走した仇人の源八郎は出家し
て、名を智宗と改めて陸奥国行方郡鹿島宿の陽山寺の住持
になっていることが分かった。とませは、村の大蔵寺の住
職に智宗への紹介状を貰い、嘉永6年（1853年）7月14
日、子の宥憲と二人で出かけた。事情を知らない智宗は二

人をもてなし、とませは、接待をする智宗の隙を見て後ろから短刀で背中を突き、宥憲も一刀を浴びせて仇を討った。とませは59歳、子は20歳であった。これが仙台城主に聞こえて、とませに銀十枚と綾絹二匹を授けた（平出鏗二郎前掲書208頁）。

　この事例は、仇討所要年数の最長記録として、逃亡した仇人を追って53年間も全国を歩き回り、臥薪嘗胆した仇討の実態を説明するために引用されている。しかし、この仇討所要年数は、被害者が殺害された時から、仇人を討ち取るまでの期間である。本件の母親が殺害された当時、娘の「とませ」は7歳であり、実際に仇討に出立したのは、結婚して生まれた息子に手がかからなくなった時期である。したがって、仇討所要年数は、本来は討手が仇討を決意して仇討に出立した時から起算すべきであるが、これが不明なため殺害時が使用されている。

第6節　仇討の長期継続の理由

第1　武士の一分について

　討手がこれほどまでに苦労して仇討に立ち向かう理由について、一般には復讐のためではあるが、それ以上に武士道にいう「武士の一分」、すなわち命をかけて守るべき武士の面目・名誉のためであると言われている。しかしながら、前記ランキング一覧表の10件を見ると討手は、百姓

が３件、女性が２件、商人が１件で、武士が４件である。

　平民の仇討は天平年間以降増加したが、中でも農民によるものが一番多い。百姓を初めとする平民については、武士の一分という問題がないので、仇討を断念して故郷に帰ることも可能であり、仇人が見つからないために切腹をする必要もない。ところが、仇討成就までの年数を見てみると、平民の仇討にも年数の長い事例が多くみられる。農民の仇討をみると、「江戸時代仇討表」にあるとおり、53年を始めとして、20年を超える事例が５件もある。53年は、最も長い年数を要した例として引用される事例である。したがって、長年にわたり仇討を諦めないで臥薪嘗胆し、仇人捜索を続行した原因を武士の一分だけから説明することはできないと考えられる。

第２　国民性と武士道の精神の融合

　武士だけでなく平民であっても、長い年月をかけて仇討を継続した理由は、どこにあったのか。武士の場合は、前記のとおり身内や藩主の期待を背負って仇討に出た以上、成就するまで仇討を止めることができなかったが、平民については該当しない。武士道の精神が、仇討の讃美称賛により平民にも浸透したことが考えられるが、それには限度がある。武士や平民という士農工商の身分に関係なく仇討の討手に共通した理由を挙げるとすれば、日本人の「国民性」が考えられる。これについて千葉亀雄氏は、次のように述べている。

「敵討が日本の国民性であったかを疑う。もしそれが
真の国民性ならば、敵討の精神は、今日にも猶、何ら
かの形を以て、どしどし現れねばならぬ筈ではないか。
日本の敵討について驚くことは、「為すべき事は成さ
ねば已まぬ」という、その意志のいかに強靱であった
かということである。彼らは10年も乃至は40年も50
年も人生の過半を費やして、あらゆる苦しさと悲しさ
に堪えて、猶その憤怒と信念の遂行に満足しようとし
ている。何と驚く意志力ではなかろうか。日本の敵討
は、国民性の意志力の存在を示す点に於て、はたその
信仰に対する徹底力の強さと純真とに於て、確かに一
の奇跡たるべきものと思う」（千葉亀雄前掲書566頁）。

　以上によると、仇討を成就するために何年も何十年も諦
めないで仇人の追跡を続けた理由は、武士道の精神が仇討
の讃美称賛等により庶民にも浸透し、これが人間としての
至情を越えて、日本人の意思力・忍耐力の強さという国民
性に融合したことによると考えられる。

第5章
日本三大仇討事件と
仇討のルール

第1節　日本三大仇討事件

　日本三大仇討事件とは、赤穂事件（忠臣蔵）・曽我兄弟の富士裾野の仇討・伊賀上野鍵屋の辻の仇討の三つをいう。数多い仇討の中でも特に人気があり、忠臣蔵物・曽我物・伊賀越物と呼ばれて、正月には曽我物が、年末には忠臣蔵が上演され、観客の入りが悪いときは忠臣蔵を上演すれば必ず大入り満員となり、芝居の独参湯といわれていた。この三件について、前記の仇討ルールとの適合性を検討する。

＊仇討メモ 【6】「一富士・二鷹・三茄子」について
「一富士・二鷹・三茄子」の諺は、一般にはめでたい初夢の順序を並べたものといわれているが、これは日本三大仇討に由来するという説がある。講談の講釈師が、「一に富士、二に鷹の羽のぶっ違い、三に上野の花と咲かせる」というのを読み替えて、「一に富士、二に鷹の羽のぶっ違い、三に名をなす伊賀の上野に」とした。富士は曽我兄弟の富士裾野の仇討、鷹の羽は赤穂浪士の主君浅野内匠頭の家紋が鷹の羽であることから赤穂浪士の仇討、茄子は荒木又衛門が伊賀の上野の仇討で有名になり「名を成す」として、伊賀上野の鍵屋の辻の仇討の三つを並べたものという説である。しかしながら、「三に名を成す」はこじつけというほかない。このように有名な諺を三大仇討に結びつけようとしたことや、仇討の番付表までできていたことからしても、仇討がいかに人気があったかを物語るものである。

第5章　日本三大仇討事件と仇討のルール

忠孝 仇討鏡

	西之方			東之方	

〔上段〕

西之方
- 大関　元禄　忠臣蔵仇討
- 関脇　慶長　天下茶屋住吉
- 小結　正保　合忩辻仇討
- 前頭　享保　夏目四郎三郎
- 前頭　天正　毛谷村六助仇討
- 前頭　寛永　長崎丸山仇討
- 前頭　同　　越中サラサ越仇
- 前頭　宝永　鏡山仇討

中央　忠孝　仇討鏡

東之方
- 大関　寛永　伊賀越仇討
- 関脇　慶長　宮本武蔵仇討
- 小結　文禄　箱根権現仇討
- 前頭　天徳　宗禅寺馬場仇
- 前頭　正徳　名古屋山三仇
- 前頭　承応　民谷小太郎仇
- 前頭　寛永　荒川武勇伝
- 前頭　正保　奥州白石仇

〔中段〕

中央　行司　建久　曾我兄弟仇討／天文　伊達正宗仇討　司

西之方
- 同　正保　臼井本学仇
- 同　元禄　高田ノ馬場仇
- 同　享保　岩井善之丞仇
- 同　寛永　西方孝子伝仇
- 同　明暦　和州隅田川仇
- 同　　　　両面藤三郎仇
- 正文　源藤左エ門
- 元文　岩井実記
- 寛永　備中松山仇
- 同　　喧哗屋五郎エ仇

東之方
- 同　元禄　勢州亀山仇
- 同　享保　越後木津川仇
- 同　宝永　酒タイ法師仇
- 同　延宝　福島天神森
- 同　元禄　和州貴船撰
- 同　宝永　伊予雲井仇
- 同　元和　福島焼山仇
- 同　元禄　郡山非人仇討
- 同　宝永　金井民五郎
- 同　寛文　細川血達摩

〔下段〕

中央　天文　虎千代丸仇討／永禄　松前屋五郎兵衛／明暦　芸州広嶋仇討／正保　松前屋五郎兵衛

西之方
- 延宝　二本堤仇討
- 正保　大坂嶋ノ内仇
- 文政　讃州丸亀
- 宝永　目黒行人坂
- 元禄　鶴岡善右エ門
- 貞享　江州水口仇
- 永禄　甲府仇討
- 寛永　出羽山形仇
- 正保　京都御堂前仇
- 宝暦　不動利勝記

東之方
- 宝永　神道川仇討
- 天文　西国順礼仇
- 永禄　遠州掛川仇
- 天文　越後村川仇
- 元禄　浄瑠理坂仇
- 同　　越後敦賀
- 寛永　越前高田
- 同　　高松民部助
- 延宝　丹州柏原仇

〔最下段〕

中央　勧進　元進　山崎主仇討

西之方
- 宝暦　石川民部仇
- 文政　王子奥渡
- 明和　御陣ケ原仇
- 天保　伏見今須田町仇
- 明暦　豊後森仇
- 元禄　奥州松前岡仇
- 享保　伊豆前田仇
- 正文　新大橋仇
- 天明　牛込神楽坂仇
- 天和　水戸岩井町仇

東之方
- 天保　下総絹川仇
- 宝暦　西国多賀仇
- 万治　上州長楽寺仇
- 天文　勢州不津仇
- 宝永　浅草天王サ仇
- 文政　四ツ谷岩仇
- 天保　小奥沼仇
- 宝永　飯田原岩仇
- 同　　下谷堀仇
- 嘉永　八丁堀仇

左欄外　御陣　弘化　熊倉傳十郎

（青木美智男編『決定版番付集成』より）

第2節　曽我兄弟の富士裾野の仇討

　駿河の国に勢力を張っていた豪族の工藤家次は、後妻の産んだ工藤祐継に所有する荘園を譲ってしまった。これを不満とした家次の嫡孫である伊東祐親は、祐継の子である工藤祐経から荘園を奪い返した。これを恨んだ工藤祐経は、安元2年（1176年）に伊東祐親の子である河津三郎祐泰を殺害した。この時祐泰の長男十郎祐成は5歳、弟の五郎時致は3歳であり、祐泰の妻が幼い二人を連れて曽我太郎祐信に嫁いだため、二人は曽我姓を名乗ることになった。二人が成人した頃、父の敵と狙う工藤祐経は、将軍頼朝の家臣として権勢を振るっていた。建久4年（1193年）6月28日、源頼朝が行った富士山麓での巻狩りの際、曽我十郎祐成と曽我五郎時致の兄弟は、父祐泰の敵である工藤祐経を討ち取った。兄の十郎祐成は討ち死にし、弟の五郎時致は逮捕されて、源頼朝により断首の処分がなされた。

　この処罰に当たり五郎時致は、お側衆の取り調べを拒否して直々将軍に言上したいと要求した。頼朝はこれを許可して自ら対面し、若者の堂々たる態度やその心意気に感心して、当初は刑の免除を考えたといわれている。ところが祐経の子の愁訴も斥けがたく、惜しみながらも斬罪を認めたという経緯がある。この曽我兄弟の仇討は、琵琶法師・遊行僧らにより諸国に広められ、浄瑠璃・歌舞伎の題材に取り上げられて『曽我物語』として後世に伝承された。

第3節　伊賀上野鍵屋の辻の仇討

　寛永7年（1630年）6月21日、岡山藩主池田忠雄の小姓渡辺源太夫に横恋慕した藩士河合又五郎は、交際を断られて同人を殺害し自宅へ逃げ込んだ。藩の重臣荒尾志摩らは、又五郎の父河合半左衛門が、かつて人を傷つけた時、池田家へ走り込んで助けられたことがあったため、主命を以て菅権之助に預け、これに言いつけて又五郎を出頭させようとした。ところが、半左衛門は、又五郎を江戸の旗本安藤治右衛門に頼んで屋敷に匿わせてしまった。藩主の池田忠雄は、半左衛門と交換に又五郎を渡す旨の提案をして、誓書を取ったうえ半左衛門を江戸へ護送したが、又五郎は渡されなかった。このため、大名池田家と旗本安藤家が対立し、徳川御三家が仲裁に入ったが解決できなかった。ところが、藩主の池田忠雄が種痘にかかり、「備前一国を召し上げられても、初志を貫け」と遺言を残して死亡した。幕府は、池田家を岡山から鳥取へ国替えをし、安藤家には関係者3名に寺入りを命じた。河合又五郎には江戸追放の処分をして、江戸屋敷からの退去を命じ、「いず方にても又五郎を匿うべからず」として、兄の渡辺数馬の仇討を公認した。このため安藤家は、河合又五郎を西国へ落ち延びさせたため、渡辺数馬は、叔父の荒木又衛門の助太刀を得て、寛永11年（1634年）11月7日、伊賀の鍵屋の辻で又五郎を討ち取った。

　仇討に関連する慣習として、喧嘩の場で相手を討ち果た

した後、追跡を受けた武士が近辺の武家屋敷に駆け込んで保護を求めた場合、屋敷の主が匿い、追手の引き渡し要求を拒否するという慣行があり、武家屋敷駆込慣行といわれている。河合又五郎が直参の旗本安藤治右衛門の屋敷に逃げ込んで保護されたのは、この慣行によるといわれている。しかしながら、寛永７年当時の徳川幕府の「武家諸法度」４条では、「国々の大名小名並びに諸給人、各々士卒を相抱え、反逆をなし人を殺すを告げる者あらば、速やかに追出すべきこと」と定めて、駆け込み犯を匿うことを禁止していた。

　法律的には、慣習が明文の法令と相容れない内容であれば、法令が優先すると考えられる。したがって、幕府はこの法令に基づいて河合又五郎を江戸から追放し、渡辺数馬による仇討を容認したのである（稲垣史生前記『時代考証事典』404頁）。またこの事案は、弟の仇討が兄によってなされたいわゆる逆縁である。このため仇討のルールとの関係が問題であり、これについては見解が分かれている。

　①直系の卑属がいない場合には、関係の濃い縁者が討手になる。本件では兄の渡辺数馬は逆縁であるが、弟の源太夫には子供がなかったので、兄の数馬が討ったとする説（稲垣史生前掲書397頁）。

　②逆縁のルールは厳格なものではなく、例外として認められたとする説。

　③事件直後は、兄の数馬は逆縁であり敵は討てないとされていた。ところが源太夫を寵愛していた主君の池田忠雄が、又五郎を必ず討てという遺言をして死亡した。武士に

とって主君の命令は絶対であり、数馬は弟の敵討ではなく、主君の命による「上意討」として又五郎を討つことになったとする説（長谷川伸「渡辺数馬・荒木又右衛門の河合又五郎討ち」『日本敵討ち集成』108頁）。

　武士にとって主君の命令は絶対であり、兄数馬の行為は主君の命令によるものであるので、③説が大義名分が立つと共に又右衛門が助太刀をする名目も立ち、この説が仇討の要件として問題はないと考えられる。

第4節　赤穂事件（忠臣蔵）について

第1　幕府の処分

　赤穂事件は、元禄14年（1701年）3月14日、江戸城内の松の廊下で浅野内匠頭が吉良上野介の刃傷に及び、怪我をさせた事件である。将軍綱吉の判断により、内匠頭は即日切腹を命じられ、浅野家は改易により領地・居城は没収という厳罰に処せられたが、吉良上野介には何のお咎めもなかった。大石内蔵助らの目的は、この処分を不満として浅野家の名誉を回復することであり、内匠頭の弟の浅野大学による浅野家の再興と、吉良上野介の処分を実現しようとしたが叶わなかった。

第2 内蔵助らの言い分

翌年の元禄15年（1702年）12月14日、大石内蔵助外内匠頭の家来47名が吉良邸に討ち入った際、全員が討ち死にをした場合に備えて、口上書を入れた小箱を青竹に挟んで玄関前に突き立てた。この口上書によると、内蔵助らは城内での出来事が、二人の喧嘩が原因と理解していた。そうであれば、幕府の裁定は、天下の大典であった喧嘩両成敗法違反になる。ところが、内蔵助らの言い分は喧嘩両成敗法の違反ではなく、「君父の讐は共に天を戴かざるの儀黙止難く、ひとえに亡主の意趣を継ぎ候志までにござ候」とあり、あくまで主君の無念の意趣を継いだ仇討の主張であった。

＊仇討メモ 【7】口上書の文言と堀部安兵衛

赤穂浪士が吉良邸への討ち入り前に、口上書を作成する際、仇討の根拠とされる「不倶戴天」の出所である支那の「礼記」には、「父の讐不倶戴天」とあり、主君に対する復讐という文言がない。ところが案には、「君父の讐は共に天を戴かざる」とあった。このため、堀部安兵衛が、「父の敵を君父の敵に拡大すること」を疑問とし、儒者の細井広沢に尋ねると、「物の理合を押す場合、経書の文字にこだわる必要はない」と言われて、納得したといわれている。安兵衛の博識に感心するが、わが国では、武士道の影響を受けて、支那でいう「父の讐不倶戴天」に君が加わり、

「君父の讐不倶戴天」になっていた（大隈三好前掲書18頁）。

第3　世間の反応について

この事件が起こった元禄15年（1702年）は、大坂夏の陣から約90年が経ち、戦争を経験したことがない太平の世となって、仇討の基礎をなす武士道の精神が弱体化していた。将軍による内匠頭への一方的な処分に疑問を感じていた庶民は、強大な幕府に怖じけることなく、身を捨てて浅野家の名誉を守るという私的な利害を超えた行動に、武士道における忠義の理念を体現した武士本来の姿を見いだして心を打たれたのである。

第4　幕府の処分

赤穂浪士の処分については浪士助命論が強く、幕府内でも意見が分かれた。将軍綱吉は、家臣に意見を求めた上で、荻生徂徠の次の意見を採用して裁定した。「四六士が主君のために仇討をしたのは、武士として恥を知っていたからである。自己を清廉にする道であって、行為は『義』に叶うが、しかし、自己一党に限ることであるから、しょせんは『私』の論理にすぎない。なぜか。もともと内匠頭が殿中を憚らぬ振る舞いが原因で処罰されたのに、またぞろ上野介に報復したのは、公儀の許可なく騒動を企てたのであって、『法』の許さぬところである。いま四六士の罪刑を決定し、武士の礼をもって遇してこれを切腹に処するなら

ば、上杉の存念も立ち、また赤穂浪士の忠義も軽んじない
道理になるから、公論といえるのではないか。もしここで
一家一党の私論を公論に優先させたら、これ以後、天下の
『法』は一切立たぬことになるであろう」（野口武彦『忠臣
蔵』223頁）。

　1、吉良側の処分　　吉良家は改易となって領地召し上
　げとなり、養子の吉良佐兵衛義周は、信州高島藩（諏訪
　安芸守）へお預けとなり吉良家は断絶した。
　2、浅野側の処分　　討ち入り後に姿を消した寺坂吉右
　衛門を除く46人を切腹、その遺児は伊豆大島へ流罪と
　なった。

第5　幕府の判断について

　仇討のルールでは、仇人となるのは殺害者であるが、吉
良上野介は殺害者ではなく、被害者であった。内匠頭が死
亡したのは、幕府の命による切腹によるものである。した
がって、本件は主君の仇討とは認められず、多人数により
江戸の治安を乱し、公儀を恐れぬ不届きな徒党として処罰
された。断首は屈辱的刑罰であり、赤穂浪士は、主君の意
趣を考えて行ったことであり、忠臣であり義士であるとし
て、武士にとって名誉刑とされる切腹という面目の立つ処
分にされた。他方、上野介の養子吉良佐兵衛は、領地を召
し上げられて信州高島藩諏訪家にお預けとなり、吉良家は
断絶となった。本件では、赤穂浪士の行動は、幕府内でも

86

第5章　日本三大仇討事件と仇討のルール

武士道の鑑とする意見が主流であり、預け先の四大名から
は助命の嘆願書が提出されていた。庶民も生類憐みの令に
代表される綱吉の政治に対する反感などから、赤穂浪士の
行為を武士道の鑑として称賛した。当時の落首に「たのも
しや　内匠の家に内蔵ありて　武士の鑑を取り出しにけ
り」とある（内匠は浅野内匠頭、内蔵は大石内蔵助を指す）。
　処分は、幕府と内蔵助側の双方の面子が立つ結末であり、
内部の浪士助命論にも配慮した中庸を得た判断であった。
吉良家については、上野介が討ち取られた時の対応が不届
きであったとして、当主の吉良佐兵衛義周は領地を召し上
げられ、信州高島藩諏訪家にお預けという厳しい処分とな
り、吉良家は断絶した。これにより前回の内匠頭を即日切
腹にしてお家取り潰しとしながら、上野介は不問となった
処分を補う形となった。赤穂浪士本人たちは、主君の仇討
をするつもりで行動したと考えられるが、内匠頭は吉良上
野介に殺害されたのではないので、仇討の要件を備えてい
ない。また内匠頭には弟の大学がいたので、これを差し置
いて家臣の内蔵助らが討手になるのもルール違反である。
本件は仇討とは認められずに罰せられたが、その行為が徒
党を組んで高位の官人を殺すなど、治安を乱したためであ
り、結論的には喧嘩両成敗と同じ結果になった。内蔵助は
幕府の処分に納得し、「あら楽し思いは晴るる身は捨つる
浮世の月にかかる雲なし」という辞世の句を残した。堀部
安兵衛らの武闘派を抑えながら、47人を纏めて目的を成
し遂げた力量は感服の至りである。

第6　浅野家の再興について

　赤穂事件による改易で、赤穂藩浅野５万石の領地は没収され、御家取り潰しとなった。浅野内匠頭の弟である浅野大学は旗本であったが、事件に連座して広島藩の浅野本家にお預けとなり、閉門の身となった。大石内蔵助が、生前に堀部安兵衛らの強硬論を抑えて実現しようとしたのは、浅野家の再興すなわち、浅野大学の赦免があったときに、１万石以上の知行を有する大名として浪士の多くを家中に編入されることと、吉良への処分を願っていたと考えられる。ところが、吉良家について上野介の隠居と義周の家督相続が認められたため、その願いが容れられないと判断し、浅野家の再興を諦めて上野介の討ち取りを決意した。これを見事に成し遂げ、その結果吉良家も改易により御家取り潰しとなったことで納得し、前記の辞世の句を詠んで切腹をした。８年後の宝永６年（1709年）８月20日、将軍綱吉の死に伴う恩赦で、浅野大学は、安房国朝夷郡に500石を賜り、元の旗本寄合衆に列せられ、遺児も流罪を赦免された。吉良家は、吉良佐兵衛が預かり先で死亡したため、宝永３年（1706年）に断絶したが、享保17年（1732年）に、上野介の身内である東条家が屋号を「吉良」に変更したいと申し出て、吉良家も復活した。

＊仇討メモ　【8】赤穂事件と山鹿素行
　高名な儒学者の山鹿素行は、赤穂事件（忠臣蔵）に影響

を与えたのか否か。素行が説いた武士道は、江戸時代になり戦争がなくなった太平の時代において、士農工商の頂点に立つ武士の役割を儒教的道徳で説明したもので士道と呼ばれている。ところが、幕府の官学である朱子学を批判したため江戸を追われ、赤穂藩に召し抱えられて藩士らを約10年間教育した。その中に若き日の大石内蔵助がいた。したがって、討ち入りに当たっては当然素行の影響を受けたと考えられる。これに対し、素行の思想に照らせば、幕府の処分に反するような行為を認めることはあり得ないとする説もある（田原嗣郎「山鹿素行の影響は」『週刊朝日百科 日本の歴史69』7–77頁）。また忠臣蔵の映画などでは、内蔵助が打ち鳴らす「山鹿流」の陣太鼓を合図に討ち入りを開始する場面が有名である。ところが、事前に立てられた作戦命令書には、総引き揚げの合図に鉦を鳴らすことが記されていることや、浪士が携行した討ち入り道具一覧には太鼓の類いはなかったことから、山鹿流の太鼓は鳴らなかったと考えられる（立石優『忠臣蔵99の謎』256頁）。

第5節　まとめ

　日本三大仇討事件と称されている事件の処理について、仇討ルールの適用を確認する。

第1　曽我兄弟の富士裾野の仇討について

　時代は、源頼朝が征夷大将軍になり、鎌倉幕府を開いた

建久年間（1190〜1199年）のことであり、武士最初の法典といわれている御成敗式目（貞永元年・1232年）制定より前のことである。仇討の定めがあり、仇討公認への第一歩とされている伊達家の『塵芥集』の制定が、天文5年（1536年）であることからしても、この事件は、まだ仇討が殺人罪の一つとして処理されていた時代のことであり、頼朝は悩みながらも、将軍の立場で曽我五郎時致に対し、殺人罪を適用して断首処分としたものである。

第2　伊賀上野鍵屋の辻の仇討について

この事案は、いわゆる武家屋敷駆込慣行については、寛永7年（1630年）当時の「武家諸法度」がこれを禁止していたため、この慣行を適用しなかったと考えられる。この件は、兄による弟のための仇討であるので逆縁、すなわち逆敵討としてルール上は認められない。ところが、主君の遺言により、上意討として正式な仇討事件と認められて、刑事罰がなされなかったものである。

第3　赤穂事件（忠臣蔵）について

仇討のルールでは、仇人となるのは殺害者であるが、吉良上野介は殺害者ではなく被害者であり、内匠頭が死亡したのは殺害ではなく、幕府の命による切腹によるものである。また内匠頭には弟の大学がいたので、これを差し置いて家臣の内蔵助らが討手になるのもルール違反である。喧

第5章　日本三大仇討事件と仇討のルール

　喧両成敗法については、吉良上野介は内匠頭の斬りつけに対し、これを避けようとしただけでこれに応じなかった。このため、喧嘩ではなく、内匠頭が一方的に切りつけた傷害事件であるので、この法の適用はない。したがって、この事件は、仇討のルールには乗らない事案であり、幕府は仇討事件とは認めず、徒党を組んで高位の官を殺害するなど、治安を乱したことを理由に処罰がなされたものである。

　なお本件では、幕府に対する事前の許可届の問題もあるが、本件は幕府の処分に対してこれを不服として行うものであるし、事前の許可を要求すれば吉良側に仇討を知らせることにもなるので、これを要求するのは無理がある。

第6章
仇討の背景

第1節　武士道について

　江戸時代に見られた仇討・切腹は、わが国独特の風習によるものであるが、その背後にあったのは武士道の精神である。武士道は平安時代後半に登場してきた武士の規範を基にして発展した武家社会の道徳であり、武士が職務上や日常生活において実践し、武士として守るべき行動規範であった。ところが、戦国時代になると下克上の世となり、武士道の道徳が通用しなくなった。江戸時代になり、幕府が儒教の一派である朱子学を官学として採用し、幕藩体制の思想的基盤として奨励した。このため武士道は儒教の徳目を取り入れ、さらに禅宗の死生観に基礎を置く倫理思想の影響を受けて幕藩体制の精神的な柱となった。仇討はこの武士道に適った風習であり、主君や親の殺害を放置しておいては、名誉を重んじる武士の面目がつぶれ、武士の一分が立たないとして正当化され、徳川幕府によって公認された。ところが、徳川時代になって戦争のない平和な時代が長年続いたことにより、戦闘員たる武士はその存在意義を問われることになった。このため武士道は、武士の役割を、武勇から次第に儒教で説明する道徳的な性格を深めるものに変化していった。

第2節　仇討と武家屋敷駆込慣行について

　仇討に関連する慣習として、喧嘩の場で相手を討ち果た

した後、追跡を受けた武士が近辺の武家屋敷に駆け込んで保護を求めた場合、屋敷の主が匿い、追手の引き渡し要求を拒否するという慣行があり、「武家屋敷駆込慣行」といわれている。この慣行については、その対象となる行為について説が分かれている。「喧嘩討果し人は、武士道の立場では犯罪者ではなく、己が名誉を全うして武士道的正義を実現した理想の武士」であり、「このような勇者から庇護を求められてきたときには、彼を窮地から救って匿うのは、武士道上の当然の義務と見なされていたからである」とする説がある（笠谷和比古前掲書102・124頁）。

　他方、駆込慣行を軽罪の者に限定し、主人に手向かった者や重罪人には適用せず、主従関係や幕府制度の秩序を守ろうとしたとする説（山本博文『江戸時代の国家・法・社会』194頁）、従来主張されてきたような、武士の自立性を示す武士道に則った行為というより、すぐれて法圏の問題であったとする説（谷口眞子『武士道考』98頁）、「18世紀後期の武士の社会では、駆け込み人は囲わないというのが、正しい作法になっていた」とする説（氏家幹人前掲書135頁）がある。

　これについては、慣習法の効力を考慮する必要があると考えられる。前記の「伊賀上野鍵屋の辻の仇討」で見たように、寛永7年（1630年）当時の「武家諸法度」4条は、駆け込み犯を匿うことを禁止しており、同様の規定は、旗本・御家人に適用される諸士法度にも定められていた。法律的には、慣習法が明文の法令と相容れない内容であれば、法令が優先すると考えられる。幕府はこの法令に基づいて

河合又五郎を江戸から追放し、渡辺数馬による仇討を容認した（稲垣史生『時代考証事典』404頁）。

第3節　武士道と仇討について

　武士道では、仇討において仇人が討手から逃亡して逃れることは卑怯なことではないとされていた。武士道の書である「武士心得之事」には、「敵を持たるもの心得事」として、次のような定めがある。

　「敵持たる者は随分討たれぬ様にするが誉れなり、いか様の事なしても逃れるがよし、卑怯にあらず（中略）随分逃て討たれず返り討するは猶々大手柄なり」

　これは喧嘩の討果たし人は、武士道の立場では犯罪者ではなく、己の名誉を全うして正義を実現した理想の武士であり、このような武士道を貫いた者を保護するのは、武士としての責務であるとする考え方であり、「生き延びる武士道」といわれている（笠谷和比古前掲書125・131頁）。このため仇討では、返り討が「猶々大手柄なり」と称賛されたため、逃亡中の仇人が、討手のやってくるのを待ち受けて行う「受動的返り討」だけではなく、仇人側が討手を捜して討ち取る「能動的返り討」も存在していた。したがって、仇討では、逃亡する仇人はもとよりのこと、これを追いかける討手にとっても油断のできない毎日を送ることを余儀なくされていたのである。

第6章　仇討の背景

＊仇討メモ【9】仇討の武器について

　仇討の事例を見て思うことは、仇討に使われる武器に鉄砲が見られないことである。前記の「お弁薩摩不川山の仇討」の父親や「陸奥国行方郡鹿島宿陽山寺とませ母子の敵討」の母親は猟銃で撃たれたが、これは仇討に使われたのではない。武士が私的な仇討に鉄砲を使わなかったのは、幕府の鉄砲改や御触書などにより厳しい取り締まりがなされたことが大きいと考えられるが、それと同時に武士による仇討での鉄砲の使用は、卑怯な手段と考えられていたのではないか。仇討に鉄砲を使うことは、武士道の徳目である「義」に反し、「卑怯であってはならない」という考え方によると思われる。仇討で使用した武器の詳細がはっきりしている事件に、赤穂事件（忠臣蔵）がある。前記のとおり、ルール上正式な仇討とは認められないが、討ち入りのため周到な準備をし、大弓（4張）・半弓（2張）という飛道具と槍・長刀の長道具を用意していたが、鉄砲は存在しなかった（野口武彦前掲書154頁）。

第4節　又候敵討について（その2）

　討手が返り討にあった場合、身内がその敵討をする又候^{またぞろ}敵討^{かたきうち}は、再敵討^{またかたきうち}と同様に許されないとするのが通説である（石井良助前掲書299頁、平松義郎前掲書575頁）。ところが、再敵討とは異なり「又候敵討」の場合には、これを認めたとしても再敵討禁止のルールにより、討たれた仇人の身内がその敵討をすることはできないので、再敵討の場合

のような敵討が際限なく続くという事態は生じない。又候敵討は、再敵討とは違い「仇討の仇討」ではなく、又候仇討に対する復讐が、仇討の仇討になるためである。また再敵討の禁止は、前記のとおり一度目の敵討でもって、双方の死者のバランスがとれたので、双方の紛争が解決したとみなし、双方の損害を等価にしようとする考えでもあった。ところが、又候敵討の場合に返り討を禁止すると、討手の側は二人が死亡することになるのに対し、仇人の側は死者はいないという結果になり、バランスがとれないことになる。又候敵討を認めた場合でも、死亡者は討手側は二人、仇人側は一人である。

　又候敵討を否定する根拠として、返り討は正当防衛として認められるとする考え方がある。この考え方では、正当防衛の要件が必要となる。したがって、返り討が正当防衛として認められるためには、その要件として、現代の法律的に言えば「急迫不正の侵害」すなわち、仇討行為が「突然の不正な攻撃」であることが要件となる。しかしながら、仇討は事前の届出により、幕府から正当と認められた行為である。したがって、返り討について正当防衛は成立しないと考えられる。

　ところが、前記のとおり武士道には、仇人が討手から逃亡して逃れることは卑怯なことではなく、「逃亡して返り討をするは猶々大手柄なり」とする「生き延びる武士道」が存在していた。この考え方は、現代の法感情からすると違和感があり、これを紹介された笠谷氏も「武士心得之事」の規定にあるこの理念は、「我々の通常イメージして

いるものとかなりかけ離れたものである」と述べている
（笠谷和比古前掲書132頁）。江戸時代初期の武士道では、
武士は戦に勝つことが第一であり、たとえ卑怯の謗りを受
けても、勇猛果敢に戦って勝つことが肝要であるという考
えが存在していた。

　ところが、徳川幕府が成立して100年を経過した18世紀
以降になると、平和な時代が続いて武士道の考え方が、武
勇中心から三民（農工商）の上位にある武士の役割を、太
平の世にふさわしい儒教的道徳で説明する「士道」と呼ば
れる武士道に変化していった。士道では、武士は三民に対
して、人として守るべき道を手本として示す立場にあり、
卑劣な行いや臆病者と謗られるような行為は忌み嫌われ、
礼儀正しく立ち振る舞い名誉を重んじ誠実に生き、忠義を
貫くことが平和な時代の武士道の基本とされた（武士之道
研究会編『武士道の世界』155頁）。したがって、敵討に
ついての武士道の考え方についても、このような時代の流
れを考慮する必要がある。このため、又候敵討は、前記第
２章第３節第６で検討した「再度の敵討の禁止」とは異な
り、これを認めるのが相当と考えられる。

　この問題については、父親の敵討に出かけた兄が返り討
にあったため、その弟二人が兄の意思を継いで、父親の敵
討（又候敵討）の許可を申し出た際、幕府によって許可さ
れた事例として、「伊勢国亀山城内石井兄弟の仇討」があ
る。この事例は、敵討をするための手続きをきちんと踏ん
で、長年にわたる艱難辛苦の結果立派に念願を成就したと
して、敵討の模範例とされている有名な事件である。

＊「伊勢国亀山城内石井兄弟の仇討」（仇討表60番）

　信州小諸藩の城主青山因幡守宗俊の家臣であった石井宇右衛門は、宗俊が大坂城代を勤めるに当たり、その供をして大坂城に勤務した際、友人の赤堀遊閑から養子赤堀源五右衛門を一人前にしてくれるように頼まれていた。ところが源五右衛門はまだ腕が未熟なのに槍術の指南を始めたため、もっと修行してからにするようにと度々意見した。これを不満とした源五右衛門は、宇右衛門に対し未熟かどうかをはっきりさせるためとして、自ら試合を申し入れたが簡単に打ち負かされてしまった。ところが、これを逆恨みして延宝元年（1673年）10月18日の夜、宇右衛門の留守宅に忍び込み、長押に掛けてあった槍を取り物陰に隠れて待ち伏せ、帰宅した宇右衛門に声も掛けずに槍で闇討をして殺害し逃亡した。

　宇右衛門の長男の兵右衛門は、この父の仇を討つために出立したが、源五右衛門の行方が不明のため、養父の赤堀遊閑に尋ねても要領を得なかった。このため兵右衛門は、相手方の卑劣な行為に対抗して遊閑を殺害し、「遊閑を斬ったのは、石井兵右衛門である。出てきて堂々と勝負せよ」と書いた立札を立てて源五右衛門の出現を促した。兵右衛門と源五右衛門は、相互に父親の敵となる関係になったが、当時は逃亡した仇人の出現を促すために、その身内を拘束したり、殺害したりすることが行われていた（後記第8章第1節第1の「＊生坂藩士による高野山の仇討」、第2の「＊出家の仇討」参照）。

本件では兵右衛門が、仇人の養父を殺害しその旨の立札を立てて、武士らしく堂々と戦う果たし合いをする旨申し出た。武士が果たし状を受けた場合には、これに応じるのが当然であった。これを拒否すれば卑怯者・臆病者と非難され、武士にとっては名誉にかかわるためである。ところが、源五右衛門はこの果たし状に応じなかった。その8年後の天和元年（1681年）正月28日、源五右衛門は、美濃国において入浴中の兵右衛門を、卑怯な闇討をして能動的返り討により殺害した。兵右衛門には、彦三郎・源蔵・半蔵の3人の弟があり、彦三郎は、すぐ仇討に出立したが、途中で乗合船が転覆して水死してしまい、父親の死亡当時5歳と2歳であった源蔵と半蔵は幼少のため、兄の意思を継ぐため武芸の修行に励んで成長した。元禄11年（1698年）11月17日、幕府に「父宇右衛門の敵討届」を提出して、源五右衛門の敵討に出立した。諸国を捜索の結果、源五右衛門は赤堀水之助と改名して、伊勢国の亀山城主である板倉周防守の家来になっていることが判明した。ところが、城主の家臣である源五右衛門が敵持（仇人のこと）であることから藩主に保護されており、亀山藩はよそ者の出入りが極めて厳重で、長期の亀山城下の滞在も許されなかった。このため兄弟の仇討は極めて困難であり、二人は何年もかけ苦労して亀山藩の家中方に奉公先を見つけて城下に住み込むことに成功した。その結果、父宇右衛門の殺害から実に28年後の元禄14年（1701年）5月9日、二人は、源五右衛門が亀山城から出てくるのを待ち伏せし、堂々と名乗りを上げて父の敵である源五右衛門を討ち取り、5月

27日に江戸町奉行所へ宇右衛門の本懐を成し遂げたことを届け出た。父親の宇右衛門が殺害されてから29年が経過していた。青山因幡守の息子の青山下野守は、二人の敵討を讃えて、兄源蔵には父の知行250石、弟の半蔵には新知行として200石を与えて厚遇した（平出鏗二郎前掲書151頁、千葉亀雄前掲書283頁）。

　この事件は事実関係が複雑であり、弟の源蔵と半蔵が行った行為は、「父親のための敵討」において返り討を受けた長兄の意思を継いだ「又候敵討」であると同時に「長兄のための敵討」でもあった。ところが、「又候敵討」は許されないとする通説によると、返り討による殺人は復讐の対象にはならないし、公儀の詮索もないので、それがどんなに卑怯な闇討行為であっても何のお咎めもないことになる。

　ところが、前記のとおり「又候敵討」を認めたとしても、これに対する復讐は、再敵討が認められないために許されないので、敵討が際限なく続くという事態は生じない。この事例の場合、父親の宇右衛門が友人の赤堀遊閑から養子の源五右衛門を一人前にしてくれるように頼まれていた。源五右衛門は、宇右衛門からまだ未熟であるとして、家中の藩士に指導するのを戒められて立腹し、自ら試合を申し出たが簡単に負けてしまった。これを逆恨みして宇右衛門の留守宅に忍び込み、その帰宅を待って闇討ちをして逃亡したのである。長男の返り討についても、果たし合いの申し出に応じることなく、入浴中に闇討ちをして殺害した。したがって、父親と兄の二人を卑怯な闇討で殺害されたも

のであり、弟らがこの敵討をしようとするのは、武士とし
て無理からぬことである。敵討に関連する殺害では、返り
討による殺害より悔しい死は存在しない。何年も何十年も
艱難辛苦して、やっとの思いで見つけた仇人を目の前にし
て、今こそ積年の恨みを晴らせると考えた途端、逆に殺さ
れてしまうのは無念の極みであり、死んでも死にきれない
とはこの事である。したがって、この事例で父親のために
する「又候敵討」が許されないとするのは疑問である。二
人は、源五右衛門に対し「又候敵討」である父親のための
敵討をするために、元禄11年（1698年）11月17日付で、
幕府に事前の許可を提出して受理された。これに基づいて
父宇右衛門の殺害から実に28年後の元禄14年（1701年）
5月9日に念願の敵討を成し遂げて、5月27日に仇討を
成就した旨の届出をした。この事例は、「東海道敵討元禄
曽我」として浮世草紙に刊行されて以来、「元禄曽我」と
して讃えられ、亀山城の傍には、「石井兄弟亀山敵討遺跡」
と書いた立派な石碑が建っている。

　又候敵討が認められた事例として、この他にも「江戸神
田護持院ヶ原熊倉伝十郎、小松典善の敵討」や「摂州天下
茶屋の敵討」が存在している。これらの事例の返り討は、
いずれも仇人の側から仕掛けて卑怯な闇討をした能動的返
り討である。このように返り討に対する又候敵討について
は、幕府によって公認された先例が存在していることや返
り討の実情からしても、通説とは異なり又候敵討を認める
のが相当と考えられる。

＊「江戸神田護持院ヶ原熊倉伝十郎・小松典善の敵討」（仇
　討表139番）

　南町奉行鳥居耀蔵の家来本庄辰輔（茂平次）が、井上伝
兵衛に貸金の取り立てを頼んだが断られたことを恨んで、
天保9年（1838年）12月23日、闇討をした。天保10年3
月5日、井上伝兵衛の弟である熊倉伝之丞とその子の伝十
郎は、辰輔の敵討届をして受理された。ところが、熊倉伝
之丞と伝十郎が自分を追っていることを知った辰輔は、返
り討をして伝之丞を殺害してしまった。このため熊倉伝之
丞の子である熊倉伝十郎が、井上伝兵衛の剣術の弟子であ
った小松典善の助太刀を受けて辰輔を討つことになった。
辰輔は、鳥居耀蔵の蛮社の獄に関連して逮捕されたが、弘
化3年（1846年）8月6日、遠島の罪を減ぜられて中追
放に処せられた。このため伝十郎は小松典善と二人で、辰
輔が護持院ヶ原で釈放されたところを討ち取り、父伝之丞
の意思を引き継いで又候敵討を成し遂げた。この件につい
ての最終処理は、伝十郎は親と伯父の敵討として無構（お
構い無し）、小松典善は師匠の敵討として無構となった
（平出鏗二郎前掲書206頁、千葉亀雄前掲書430頁）。

＊「摂州天下茶屋の敵討」

　宇喜多家の家臣林玄蕃の息子である林重治郎と源三郎の
兄弟は、父親の敵である当麻三郎右衛門を討つために浪人
中であった。ところが三郎右衛門は、ならず者を差し向け
て兄の重治郎を殺害し返り討をした。このため兄の意思を
引き継いだ弟の源三郎は、慶長14年（1609年）3月5日、

大坂天下茶屋で三郎右衛門を討ち取り、又候敵討を成し遂げた（稲垣史生前記『仇討を考証する』77頁、落合清彦『討つ者と討たれる者の美』季刊雑誌歌舞伎・第9巻第3号79頁）。

なお平出鏗二郎氏は、この敵討は事実が不確実であると述べている（前掲書98頁）。

第5節　仇討是非論について

わが国では、仇討を題材とした文芸作品は無数にあるが、外国の復讐とは違って仇討の是非論を扱う文芸のないことが指摘されている。河竹登志夫氏は、「日本の仇討狂言においては例外なく、仇討という行為そのものは頭から肯定されていて、単にそのプロセスにおける討手の艱難辛苦・受難・仇討本懐の讃美賞揚が、劇内容のすべてだということではなかろうか。西洋では仇討そのものの是非論が、人間の生死や原罪についての深刻な問いかけと表裏をなして、西洋の仇討物には欠くことのできない要素として貫流している」として、これはわが国の仇討の特色であると指摘している（『仇討狂言の展望』季刊雑誌歌舞伎・特集歌舞伎と仇討の世界60・62頁）。

わが国の場合基本的には河竹氏の指摘のとおりであり、仇討狂言などの文芸については艱難辛苦・受難・仇討本懐の讃美賞賛が中心であった。ところが赤穂事件（忠臣蔵）については、赤穂浪士の処罰を決めるに当たり、行為の是非・当否について幕府を二分する論争がなされた。したが

って少なくとも、当時の幕府や学者の問題意識としては、仇討是非論が存在していたと考えられる（南條範夫「仇討是非論の推移」池波正太郎他『忠臣蔵と日本の仇討』155頁、川口素生「義士・仇討是非論争」歴史読本第42巻第1号191頁）。

　＊仇討メモ　【10】ハムレットと仇討

　シェイクスピアの戯曲『ハムレット』では、国王である父を殺害した叔父が、王妃の母と再婚して国王となった。王子のハムレットは、この復讐を決意したが決断できず、復讐をすべきか堪え忍ぶべきか（生きるべきか、死ぬべきか、それが問題だ）と悩んだ上でやっと仇討を行った。

　わが国にもこれと同じような仇討がある。『古事記』『日本書紀』に出てくる日本最古の仇討とされる眉輪王の変では、眉輪王の父を殺害して母を皇后にした安康天皇が、母に「眉輪王が成人して父を殺したのが自分と知ると、復讐心を起こすのではないか心配だ」と話していた。これを聞いた眉輪王は、安康天皇が寝ている所を襲って殺害した。その理由を質されて「臣、元より天位を求めず、ただ父の仇を報ゆるのみ」と答えた。眉輪王は、天皇の弑逆という大不忠をしたにもかかわらず、仇討の是非について悩むことなく、親に対する孝に基づいて直ちに安康天皇を殺害した。日本でもはじめ、孝は忠の上にあったのである（高橋富雄「仇討讃美と日本人」池波正太郎他前掲書37頁）。

　シェイクスピアの『ハムレット』が日本語に翻訳されたときの題名は、「西洋浄瑠璃・霊験皇子の仇討」であった。

第7章
仇討と喧嘩両成敗法

第1節　喧嘩両成敗法の目的

　喧嘩両成敗法とは、喧嘩をし実力行使におよんだ者は、その理由にさかのぼって理非を問うことなく、双方一律に厳罰（多くの場合死刑）に処するという法である（新田一郎『新体系日本史2 法社会史』215頁）。近世では、やられたらやり返すのは当然と考えられており、双方の損害を等価にしようとする考えがあった。些細な事で生じた喧嘩が、二人の争いに留まらず、親類縁者を巻き込んだ社会集団の紛争に発展する可能性があるためである。武力を行使した双方を死刑で処罰するという威嚇により、喧嘩を防ぎ治安を守るという目的があった。喧嘩について、その理非を問わないで双方を処罰することは合理性を欠くと考えられる。しかしながら、問題を起こしたら双方を処罰するのではなく、問題を武力で解決しようとした場合に双方を処罰するということであり、喧嘩を仕掛けられても、これに応じなかった者は処罰されないとされていた。また喧嘩などの紛争は、一方だけに非があるのではなく、双方に何らかの非があるのが通常であるため、両成敗は一般的には説得力のある方法であった。

第2節　法令の定め

　わが国では、中世まで私的な喧嘩で受けた被害に対しては、復讐するという慣習が存在していた。ところが、私的

復讐は集団的争いに転化することが多いため、室町幕府は故戦防戦法を制定してこれを制限した。これが戦国大名の分国法に承継されて喧嘩両成敗法になり、具体的な法令としては、鎌倉時代に北条泰時が定めた御成敗式目が最初とされる。その後応仁の乱を経て戦国時代の下克上の世となり、武士道の道徳に反する行為がなされるようになったため、戦国大名が領国を治めるために制定し、駿河藩今川氏の「今川仮名目録」が代表的なものとされる。この他に甲斐武田氏の「甲州法度之次第」と土佐長曽我部氏の「長曽我部氏掟書」がある。

　江戸幕府は、法令として制定することはなく、慣習法として継承され「天下の大典」といわれた。その具体例として、慶長12年（1607年）、駿府城の修築に当たり、姫路藩池田家の家臣と薩摩藩島津家の家臣が喧嘩をした際、池田家の船奉行が島津家の家臣を殺害した。その処理に当たり、双方の死傷者の数に違いがあり、池田家は船奉行の助命を願ったが、幕府は「喧嘩両成敗法は天下の大法である」として認めず、やむなく切腹をさせたという事例があった（谷口眞子『武士道考』21頁）。ところが、江戸時代中期のいわゆる文治時代になると、喧嘩は刑罰による脅しではなく、裁判による解決を優先させる考え方が強くなり、喧嘩両成敗法はその役目を終えていった。

第3節　仇討と喧嘩両成敗法

　江戸時代には、仇討が一定の条件付きで公認されていた

が、喧嘩両成敗法と仇討とは深い関係があった。前記のとおり、喧嘩両成敗法は喧嘩をして実力行使に及んだ場合、その原因の理非にかかわらず、双方を同等の処罰（多くは死刑）をする決まりである。したがって、喧嘩により一方が殺害された場合、喧嘩両成敗が適用され、喧嘩の原因についての双方の言い分を吟味することなく、殺害者は死罪に処せられる運命にある。このため、復讐の連鎖を断ち切るための法令でもあった。その殺害者が藩外に逃亡して行方をくらました場合、被害者の身内らに対し、逃亡者を殺害することを許可するのが仇討制度であった。

第４節　喧嘩両成敗法とジレンマ論

　喧嘩両成敗法では、喧嘩に応じて負ければ死亡、勝っても両成敗法により切腹、喧嘩を避ければ卑怯・臆病と言われて改易されて、武士社会では生きていけない。これでは喧嘩を仕掛けられた武士は、生きる道がないというジレンマに悩まなければならなかった。これを近世武士のジレンマ論という（高木昭作『日本近世国家史の研究』）。

　これについて谷口眞子氏は、喧嘩両成敗法の喧嘩には、些細なことで起きた偶発的な当座の喧嘩と、相手の名誉を汚し侮辱するような底意を持った悪口雑言を発端とする喧嘩の二種類がある。当座の喧嘩は、日頃から礼儀作法や口の利き方に気を付け一方的に仕掛けられても臨機応変に対処すれば、避けることが出来るものであり、相手から仕掛けられても応じなければ名誉に関わるというものでもない。

本人の気の利いた対応によって平和的解決が可能であり、両成敗はこのような喧嘩に対して適用された。他方、公然の場で発せられた悪口雑言は、相手を侮辱しその名誉を著しく汚したとみなされるものであり、これを放置することは許されない。この場合には名誉の防衛として反撃することが認められ、理不尽な一方的攻撃であることを立証すれば、正当防衛も認められていたとされる（谷口眞子『近世社会と法規範』61頁以下）。

　このように、喧嘩両成敗法はあらゆる喧嘩に適用されるのではなく、些細なことで起きた偶発的な当座の喧嘩に適用されて、武士の名誉にかかわるような悪口雑言や無礼な行為を理由とする喧嘩には適用されないとすれば、喧嘩両成敗によるジレンマは、ほとんど生じなくなるであろう。

第5節　喧嘩両成敗法を活用した仇討

第1　指腹について

　江戸時代には、仇討と並ぶ武士社会の慣習として切腹があった。その中に仇討の理由となる切腹があり、「指腹」という。これは武士が重大な恥辱を受けた場合に、怨みのある相手を名指しした上で先に切腹すると、指名を受けた相手は切腹しなければならないという武士社会特有の慣習であった。自分の命を捨てることにより、死に匹敵する極めて重大な恥辱行為があったことを主張して、相手に死という同じ責任を取らせるという制度である。名指しされた

相手が切腹に応じない場合には、それが仇討の理由となり、身内がその相手に仇討をすることができるとされ、喧嘩両成敗を利用した復讐と言われている。指腹をして切腹したが、これを拒否された兄の仇討をするために、弟が申し出た仇討届が受理された事例がある（神保文夫前掲書440頁）。

　また女性による指腹の事例として、前記第2章第2節第5の2「夫と妻の仇討について」を参照されたい。

＊「指腹の拒否と仇討申請の許可」

　大番役の安藤丹波守殿御組の戸田七之助方に奉公していた田中惣右衛門は、七之助が京都に勤務した際、二条御番所で傍輩の小嶋平兵衛と口論となり、討ち果たそうとしたが城内のため我慢した。七之助が領地へ帰ることになり、知行所の江州比留田村に寄った際、惣右衛門は、平兵衛に「腹を切さし相果申し候」と告げて切腹をした。ところが平兵衛は、そのまま逃亡してしまった。このため弟の仁右衛門が、貞享元年（1684年）5月17日、平兵衛を兄の敵として、仇討をする旨の届出をしたところ受理された。

第2「浄瑠璃坂の仇討」について

1　概要

　指腹については、「浄瑠璃坂の仇討」が有名である。寛文8年（1668年）2月19日、宇都宮藩の藩主奥平忠昌が死亡した際、その家臣の杉浦右衛門兵衛が、5年前に公布された殉死禁止令に反して殉死（追腹）をした。このため、

112

奥平家の跡継ぎである昌能は、逼塞（門を閉じて昼間の出入禁止）を命じられ、跡目相続も認められなかった（坂本俊夫『浄瑠璃坂の仇討ち』42頁）。このような状況下で行われた忠昌の葬儀の場で、次の事件が発生した。奥平家は、家康の長女である亀姫の嫁ぎ先であり、家康の外孫の家系にあたる名門である。その重臣に奥平内蔵允と奥平隼人がいた。その藩主の葬儀に奥平内蔵允は、病気のため13歳の嫡子の源八を名代として出席させた。これに対し奥平隼人が、源八に「主君の葬儀への欠席は不忠の至り。父君は学問が過ぎるから病身になる。武士に学問など不要なことだ」などと嘲った。これを聞いた内蔵允が怒り病を押して参列した。そこで位牌の字を皆がどう読むのかと騒いでいるのをみた内蔵允が、その字の読み方とそのいわれまで説明したのに対し、隼人が、「学問をするだけあってさすがに坊主勝りだ」と嘲った（これについては、焼香の順番を巡る争いとする説もある）。内蔵允は、度重なる侮辱に堪忍袋の緒を切って隼人に斬りつけ、隼人がこれに応じているところへ隼人の弟奥平主馬允が駆けつけて、二人で内蔵允に深手を負わせた。帰宅後内蔵允は、憤りのあまり隼人を指名した「指腹」をして切腹をした。隼人に切腹を求める書面を届けさせたが、隼人は内蔵允が乱心であると主張して応じなかった。

　この事件処理について、奥平昌能は、二人が重臣であるため、幕府に処理を問い合わせた結果、内蔵允は乱心のため死に損とし、隼人の処分は藩主に任すとの返答を得た。このため昌能は、内蔵允の子源八と相手方の隼人及びその

父奥平大学（宗也）を改易とし領外退去とした。また杉浦右衛門兵衛のした殉死（追腹）については、幕府が寛文8年（1668年）8月3日、奥平昌能の跡目相続を認めた上で、殉死禁止令違反を理由に、奥平家を2万石減封の上、山形藩9万石へ転封とした。

　源八の一派は、この処分を不公平であるとして、寛文9年（1669年）7月12日に主馬允を、次いでその3年後の寛文12年（1672年）2月3日、江戸の鷹匠町に潜伏していた隼人とその父奥平大学、弟の九郎兵衛らを江戸浄瑠璃坂で討ち取り、源八らは幕府に出頭した。幕府は、源八ら9名について本来の死罪を減じて伊豆大島に流罪とした。内蔵允と隼人は従兄弟同士であり、双方共に数代遡れば血の繋がる親類縁者が助太刀をして、内蔵允派（源八派）が42人、隼人派が60人も加わり、藩の家中を二分して争った大仇討であった。

　この事件には後日談があり、源八・奥平伝蔵・夏目外記らに討たれた奥平大学とその子隼人及び同九郎兵衛の仇討を、奥平大学の弟本多次郎右衛門・奥平源四郎らが企てた。ところが、源八らが伊豆大島に流刑された後であり、やむなくその縁者を討つことにして、4月26日、湯島の五丁目で、菅沼治太夫、上曽甚五右衛門の二人を討ち取った。これについて本多次郎右衛門・奥平源四郎らは、処罰されて隠岐島へ流罪となった。

　ところがこの件について、江戸町奉行所に備え付けられていた「敵討言上帳書抜」によると、寛文11年（1671年）2月14日付で、隼人の身内から、源八らに対して敵を討

つための敵討届が提出されており、これが受理されて帳付がなされていた（神保文夫前掲書434頁）。

2　仇討ルールとの適合性について

　この事件では、喧嘩相手の隼人と主馬允を討った源八らについて、仇討を理由とする免罪が認められずに処罰された。この処理について、仇討ルールとの適合性を検討する。

　この事件の発端である喧嘩の原因については諸説があるが、隼人が内蔵允を侮辱し、その名誉にかかわる無礼な行為による喧嘩であった。この事件は宇都宮藩内の事件であり、当事者が藩内に残っていたので、本来は宇都宮藩で処理すべき事案である。ところが、藩主は、二人が藩の重臣であることから、幕府にその処理を委ねた。指腹についての幕府の判断は、隼人が主張した内蔵允の乱心を認めて死に損とした。事件の経過からして内蔵允の乱心という判断には疑問があるが、幕府が乱心者と認定した以上、指腹が認められなかったのはやむを得ない。この事件は、従来「指腹」という珍しい切腹をした事例として紹介されてきた。ところが、近年内蔵允は切腹をしておらず、切腹を望んでいたが、主家から昌能の跡目相続が認められるまで待てと命じられ、これを待っている間に負傷が原因で死亡したという説が有力である（坂本俊夫前掲書45頁）。内蔵允が切腹をしなかったのであれば、そもそも指腹の前提を欠くため、それが認められなかったのは当然である。

　問題は、その後の処理である。藩に任すとされた隼人の処分について藩主は、内蔵允と隼人の双方の身内を領地召

し上げのうえ藩外に追放とした。これに対して内蔵允の息子である源八の一派は、死罪となるべき隼人と同じ処分であることを不服として、父親の仇人である隼人と主馬允を殺害した。これに対して幕府は、源八らを伊豆大島に流罪とした。

　仇討のルールでは、仇討の原因となる殺害は、相手による殺人だけでなく、受傷した傷が原因で死亡した傷害致死も対象になる。内蔵允は、隼人らによる傷害により死亡したので、隼人らは仇討の対象者であり、同人らに対する仇討は処罰を免れ得る行為であった。しかしながら、この隼人らに対する仇討は、同人に対する藩主の処罰がなされた後の行為であるため二重処罰となる。このため、源八らの行為は違法であり、免責とされなかったのはやむを得ない。また本件では、仇討に必要な事前の許可を受けていない。しかし、幕府の意を受けた藩主の処罰に対する不満から行われた仇討であるので許可される可能性はないし、仇討のルールといっても法令ではなく慣習であり、このような主君による処罰を不服として行われる仇討について、事前の許可という慣習があったとするのは疑問である。当初の喧嘩の当事者双方が死に至ったことからすると、結果的には、仇討事件としてあるべき結果に収まったと考えられる。

3　後日談の解釈について

　問題は、後日談の隼人の身内が行った仇討である。隼人らが討ち取られた後の4月26日、仇討をした源八ら一派の側にいた菅沼治太夫・上曽甚五右衛門の二人が、湯島五

丁目で約40人の隼人の一派に殺害された。これは、いわゆる「仇討の仇討」であるので、再敵討として許されない行為である。ところが、これについて「敵討言上帳書抜」によると、隼人の身内である本多次郎右衛門と奥平源四郎が、隼人らを討ち取った奥平源八・同伝蔵・夏目外記らの敵討届を幕府に提出し、これが受理されて帳付されていた。この処理をどう解釈するかが問題である。

　千葉亀雄氏は、「固く禁じられている筈の再敵討を許している気持ちが分からない」として、幕府の敵討届の受理を批判されている（前掲書522頁）。

　これに対し、神保文夫氏は、この敵討届が受理されて帳付までされていることから、源八らの浄瑠璃坂事件を敵討と認めたのであれば、源八らがした隼人の父である大学らの殺害についての刑事責任は問われない筈である。ところが、既に本多次郎右衛門・奥平源四郎らの敵討届が帳付されていることからすると、再敵討を幕府が公認することになってしまう。そこで、源八らを（大学らの殺害については敵討と認めた上で）城下騒擾の件で伊豆大島へ流罪とすることによって、再敵討の実行を事実上禁止するという解決方法がとられた。したがって、本多次郎右衛門らによる菅沼治太夫と上曽甚五右衛門両名の殺害は、公認された「再敵討」ではなく、単に「不届成仕様」であるとして隠岐島への流罪とされたのであり、再敵討は、既にこの時期においても許さるべからざるものとなっていたと解釈されている（前掲書437頁）。

　そこで検討するに、本多次郎右衛門と奥平源四郎が届け

出て受理された敵討届には、その対象者として、隼人らを討ち取った「奥平源八、同伝蔵、夏目外記、この三人の者、この外一類共」と記載されており、殺害された菅沼治太夫と上曽甚五右衛門の名前はあげていない。また幕府から発令された浄瑠璃坂の仇討をした者の捜索を命じる町触にも出ていない。二人は、源八の一派に属してはいたが、主馬允の討ち取りにも隼人らの討ち取りにも参加していなかった（平出鏗二郎前掲書138頁、坂本俊夫前掲書177頁）。敵討届は、人を殺害するための許可を取るものであり、相手の氏名を特定して申請するのが当然である。具体的名前を挙げないで前記の「この外一類共」の記載で足りるとすれば、明記された三人が属する源八派の42人全員がすべて仇人となり、殺害の対象者として認められることになってしまう。ところが、二人は仇討予定者ではなく、予定していた源八らが流罪になって伊豆大島に送られてしまったため、その代わりに討たれたものである。したがって、仇討のルールによると、二人の殺害は事前の届出がないと考えられるため、正式な仇討とは認められない。このため免罪にはならず、徒党を集めて世間を騒がせたのは「不届成仕様」として隠岐島への流罪となった。したがって、法律的には幕府が再敵討を認めたということではないと解釈される。

　右衛門兵衛の殉死については、幕府は、藩主の奥平家を２万石減らして山形藩９万石へ転封としただけでなく、長男と養子に出た次男までもが切腹を命じられ、婿や係累も追放という極めて厳しい処分を行った。以上のとおり、こ

第7章　仇討と喧嘩両成敗法

の事件は後の赤穂事件（忠臣蔵）と同様に、幕府が関与した処分を不満として仇討を敢行した事例であり、前記のとおり（114頁参照）双方とも何十人という身内が集結して戦ったもので、赤穂事件に優るとも劣らない大敵討であった。この30年後に発生した赤穂事件において、大石内蔵助は、吉良上野介を討つため、この事件の幕府の対応を参考にしたと言われている。

＊仇討メモ 【11】殉死禁止令について

　鎌倉幕府滅亡に際して北条高時と共に一族・家臣の実に870人余が自刃して殉死したと言われている。江戸時代になるとこれが美風として慣例化し、主君が死亡すると恩顧を受けた家臣はこれをしないと不忠者とされた。このため殉死が絶えず、寛永13年（1636年）の仙台藩主伊達政宗の死亡では20人、同18年（1641年）の熊本藩主では19人、慶安4年（1651年）の佐賀鍋島藩主では26人もの家臣が殉死した。このため幕府は、殉死は不義無益の慣習であるとして寛文3年（1663年）にこれを禁止した。ところがその5年後に前記の宇都宮藩の藩主奥平忠昌が死亡した際、家臣の杉浦右衛門兵衛が殉死した。これは、殉死禁止令に反する行為として諸藩に対する戒めのため、前記のように極めて厳しい処分がなされたものと考えられ、これを機会に殉死は激減した。

119

第6節　殺人事件の「扱」と仇討

　谷口眞子氏は、仇討の原因となる行為として、「扱」を紹介されている。扱は、近世における和解による紛争解決である内済をいう。幕府は殺人事件を公的機関に訴えることなく、内々で解決することを禁止していた（公事方御定書下巻15条）。ところが、当座の喧嘩の場合、即死はもとより負傷でも、その傷が原因で一方が死亡すれば、喧嘩両成敗が適用されて相手方は死罪になる。このため、これを避けるために事件を公にせず、役人や僧侶らが仲介して話し合いにより内々に済ますことがあった。これが「扱」である。ところが、内済後に加害者が約束を守らなかった場合、遺族がこれを後悔し改めて仇討をした事例がある（谷口眞子前記『近世社会と法規範』221頁）。

＊「江戸牛込行元寺富吉の仇討」（仇討表99番）
　下総国相馬郡早尾村の百姓庄蔵は、明和4年（1767年）9月20日、組頭の甚内と些細なことから喧嘩となり受傷し、その傷が原因で死亡した。ところが、村の和尚や役人が仲に入り、公にしないで内済で済ます「扱」により終了させた。ところが、甚内は逃亡して約6年後、ほとぼりが冷めたと思い村へ戻り、庄蔵の件は内済で済んだので、もう遠慮はいらない。倅は大きくなっただろうが、彼らの分際では今更どうしようもないなどと暴言を吐いた。庄蔵の子で当時12歳であった富吉は、これを聞いて、父の仇を討つ

ことを決意し、江戸へ出て無念流の剣客戸賀崎熊太郎に弟子入りして武芸に励み、16年後の天明3年（1783年）10月8日、牛込神楽坂で甚内を見つけ、行元寺に逃げ込んだ相手を討ち取った。これは「天明の仇討」として有名になり、富吉は、根来喜内なる旗本に100石の禄で召し抱えられた。

　なお、牛込区肴町の行元寺には、太田蜀山人が、この仇討のことを隠語を使って書いたとされる記念碑が残っている（平出鏗二郎前掲書182頁、千葉亀雄前掲書359頁）。

＊仇討メモ 【12】太田南畝（蜀山人）の隠語の石碑

　牛込の行元寺にある、太田南畝（蜀山人）が隠語を使って書いたという撰文の石碑の内容は、次のとおりである。

　　「癸卯天明陽月八二人不載九人誰
　　　同有下田十一口湛乎無水納無糸」南畝子

　碑の内容をみると、「癸卯天明陽月八」は天明三年十月八日のこと、「二人不載九人誰」は、二人は天の字、九人は仇の字で、天を載かざる仇という意味、「同有下田十一口」は、同の下へ田の字を付けると富という字になる。十一口は吉の字であり、「湛乎無水納無糸」は、湛の字に水がないと甚となり、納という字に糸がなければ内となる。したがって、全体で「富吉甚内」となるという解釈である（千葉亀雄前掲書359頁）。

第7節　仇討と太刀取

第1　太刀取の許可について

　太刀取とは、武士が切腹する際にそばに付き添って介錯（断首）をすることである。敵討届をなした後、討手が捜索していた逃亡中の仇人が、何らかの事情で公儀に逮捕された場合、仇討をするために役所に対して仇人の引き渡しを求め、それが無理であれば太刀取役をさせてほしいという申し出がなされることがあった。これについては、文化11年（1814年）4月、水戸藩から江戸町奉行に対し、太刀取の許可申請がなされた場合の処理について問い合わせがなされたが、その際そういう先例はないという回答がなされている（町奉行所問合挨拶留巻二・二十八、平松義郎前掲書579頁）。刑罰権は国家の権利であり、私的制裁である仇討は、あくまで公儀による刑罰権の不備を補うために認められた制度である。したがって、仇討が許可されていたとしても、国の刑罰権に優先することはできない。このため、あくまで公儀の裁量で仇討をさせてもらうための申立である。

第2　太刀取許可申立の処理

　明治新政府の仇討禁止令により、それまで認められてきた仇討が禁止されたため、それに代わる手段として「太刀

取」の許可を申し立てた事例が、複数存在している。このうち、明治２年（1869年）８月の金沢藩の「本多家臣金沢の仇討」と明治４年（1871年）１月28日の姫路藩の「力丸増吉の仇討」は、申立が認められなかった（氏家幹人『かたき討ち』57頁以下参照）。

　ところが、他方で明治元年（1868年）に、太刀取の申立が認められた事例があり、復讐制限時代から禁止時代に移る過渡期の一現象といわれている（穂積陳重『続法窓夜話』318頁）。この件は、明治元年９月、土佐藩士吉井四郎が、小田原藩士の二人に殺害された父親の仇討の許可を申し出た際、政府は仇討は認めなかったが、斬罪に処された二人の断首をする際の太刀取役（斬首役）を命じた事例である。復讐禁止令を定める前の時期であり、孝子の情を黙視し難いとして、罪人２名を武州の鈴ヶ森で斬首する際、申立人に対しその太刀取役を認めたものである。

　ところが、江戸末期の文政３年（1820年）にも、別罪で逮捕された仇人に対し、被害者の関係者からなされた仇討の申し出は認められなかったが、切腹の太刀取役を許した次の事例が存在している。

＊「上田宇平巣鴨の仇討」
　播磨姫路の酒井侯の江戸留守居役上田佐太夫は、近親者の娘婿である水野勘解由が借金をするなどの身持ちが悪いことを理由に離縁させた。これを恨んだ勘解由は、文政元年（1818年）７月、佐太夫を殺害して逃走したが、その後窃盗罪で逮捕された。文政３年（1820年）某月、佐太

夫の弟僕助・家来の権之助・その弟源三郎・奉公人の宇平の４人は、幕府に水野勘解由に対する仇討を願い出たが許されなかった。ところが、その後「勘解由を死罪（切腹）に処するが、４人を傍で観覧させた上、首は宇平に斬らす」と通知があった。このため勘解由が切腹するところを、宇平が後から斬首した（千葉亀雄前掲書386頁）。

　この事例は、ペリーの来航（1853年）以前のことであり、この時点では、未だ仇討禁止令の制定という問題は存在しない。したがって、このような処理は、必ずしも明治維新の過渡期の一現象とは限らないと考えられる。しかしながら、仇討の許可申立は拒否された事案であるので、あくまで公儀の刑罰権の問題である。前記の水戸藩からの問い合わせに対する幕府の回答は、文化11年（1814年）になされたものである。したがって、太刀取についての幕府の方針が変わったということではなく、藩主の裁量による特例と考えられる。また後述の日本最後の仇討といわれている「肥後藩石貫の仇討」は、仇人が他藩によって逮捕され、犯行地の肥後藩へ護送する途中で、担当官の裁量により討手からの要望を受け入れて身柄を釈放し、仇討が許された事例があるが、これは復讐制限時代から禁止時代に移る過渡期の一現象と考えられる（後記第10章第3節第2の2参照）。

第8章
仇討の諸類型

第1節　宗教者の仇討

　仇討では、逃亡した仇人が討手から逃れるため僧侶になり、寺院に逃げ込む事例がみられる。鎌倉時代から安土桃山時代にかけて、一向宗など僧侶や門徒による一揆が多発し政治権力を脅かした。このため徳川幕府は、寺社奉行を置き、諸宗寺院法度を制定して、全国の寺院はいずれかの宗派に入り、全て本山の管理下に入る本末制度により寺院を統一した。各宗派の本山は、幕府に様々な義務を負ったが、他方で管理地の税徴収権や関係者の処罰権などの自治権を与えられた。

第1　仇人が僧侶の場合

　中世の高野山は、真言宗の本山として比叡山と並ぶ信仰の中心であり、アジール（統治権の及ばない聖域）として、縁切寺である鎌倉の東慶寺と同様に、仇討から逃れて逃避がなされる場所であった。仇人が僧侶になり、高野山に隠れていた例として次の事例がある。

＊「生坂藩士による高野山の仇討」（仇討表75番）
　享保9（1724）年10月、岡山藩の支藩である生坂藩で、浅野安佐衛門の弟茂市郎を、従兄弟の与七郎が殺害して出奔した。このため藩が与七郎の代わりに母親を牢舎に入れたところ、高野山に隠れていた与七郎はこれを聞いて出頭

し、斬罪となった。ところが斬罪されたのは別人で、与七郎は、再び高野山に隠れていたことが判明した。このため安左衛門は、剃髪して寺で修行をしたうえ、高野山の金剛院に入居して与七郎を捜し当て、享保9年10月、その仇討に成功した。

このように殺人を犯して逃亡した仇人を見つけるために、その家族を拘束することが行われていた。武士の場合には、親の生命を危険にさらして自分が生き延びようとしていると噂されることは、名誉にかかわる卑怯なことであるので、本人が出頭するためである（谷口眞子前記『近世社会と法規範』217頁）。

仇人が僧侶になって逃走していた事例としては、前記の新発田藩の「久米幸太郎陸奥祝田浜の仇討」「とませ宥憲陸奥国鹿島宿の仇討」や、大岡越前守が仇討か否かの吟味をしたといわれている「猪瀬半介江戸青山の仇討」がある（千葉亀雄前掲書315・451・461頁）。

第2　討手が僧侶の場合

僧侶は、人を救い殺生を戒める立場にあるので、自分が討手になって仇討をするのは問題である。ところが、『葉隠』の中に僧侶のままで仇討をして無罰となった事例がある。

＊「出家の仇討」（仇討表24番）
佐賀の曹洞宗竜雲寺の住職であった伝湖は、父が死亡し

母と兄次郎兵衛と弟がいた。万治（1658～61年）の頃、母が、兄の子を連れて寺へ説教を聞きに行った。その帰り、子供が草履を取ろうとした際、浪人中島五郎右衛門の足を踏んだとして、これに立腹した五郎右衛門は、子供を殺害し、驚いて子に取りすがる母親も殺害して逃走した。これを聞いた兄次郎兵衛と弟が駆けつけ、次郎兵衛が五郎右衛門を殺害した。ところが、その場にいた五郎右衛門の弟で山伏の中蔵坊が、次郎兵衛の弟を殺害した。これを聞いた伝湖は、僧呂の身でありながら、次郎兵衛に代わって母・弟・甥の敵を討つ決意をし、逃亡した中蔵坊の代わりにその父親の茂庵を討ち取った。このため、五郎右衛門に知行を与えていた領主が激怒して、伝湖の死罪を求めたが、伝湖が竜雲寺の住職であるため手が出せなかった（齋藤一馬ほか『日本思想体系26 三河物語 葉隠』481頁）。

　これは寺院の自治権によるものであり、谷口眞子氏は、寺の自分仕置権（じぶんしおきけん）が発動されたことが確認できるとともに、敵本人の代わりにその親を殺害したことは、死には死をもってあがなうという衡平の感覚が見えると言われている（谷口眞子『近世社会と法規範』209頁）。なお、伝湖がいた竜雲寺には、『葉隠』で有名な山本常朝の墓がある。

第2節　仇討と虚無僧

　虚無僧は、禅宗の一派である普化宗（ふけしゅう）の僧で、尺八を吹きながら諸国を行脚した。慶長19年（1614年）の「慶長之掟書」に、「日本国中虚無僧の義は、遊子浪人一時の隠家

として守護不入の宗門なり。これによって天下の家人諸侍の籍を定む。その意を得べきこと」とある。これは徳川家康が江戸へ入国した際の御掟書であり、これを根拠にして、虚無僧は諸国の往来が自由であり、虚無僧寺が幕府の治外法権の場所であると主張された。虚無僧は深編笠で顔を隠しているため逃亡した仇人を捜す討手には重宝であり、密偵として働いていた者もあるといわれている。ところが、この御掟書は内容に矛盾が多く偽物とする説が有力である（三上参次前掲書249頁）。江戸時代中期以降は、遊蕩無頼の虚無僧が横行したため、明治4年（1871年）10月28日に普化宗が廃止され、虚無僧の特権が破棄された。

　虚無僧になって逃亡していた仇人を討ち取った事例として、寛文11年（1671年）9月9日の「松下助三郎摂州芥川の仇討」（仇討表30番）と、享保11年（1726年）10月の「山崎兄弟武州幡ヶ谷の仇討」（仇討表76番）がある（千葉亀雄前掲書238・312頁）。

第3節　平民などの仇討

第1　概要

　徳川家康によって天下統一がなされた江戸時代は、権力が幕府に集中し、約260年もの間続いて戦争のない平和な時代が続いていた（元和偃武）。仇討は江戸時代に最も盛んに行われ、成功すると為政者も世間も忠臣孝子の善行として賞賛し、仇討を成し遂げた者はかわら版で宣伝された

り、芝居、歌舞伎、人形浄瑠璃などにおいて取り上げられ、ヒーローの扱いを受けていた。

　仇討は、武家社会の慣習として認められてきた制度であり、本来は武士のものであった。このため、百姓や町人は身内に違法な殺害があれば、領主に訴え出て処罰をしてもらうことになっていた。これは、武士には自分のことは自分で解決する能力があり、庶民にはその力がないため公儀が解決するという考え方によると言われている。ところが、江戸時代の中期以降になると、平民である百姓・商人らによる仇討が見られるようになり、他方武士の仇討が減少してきた。時期的には、元禄15年（1702年）後に平民の仇討が増えているが、これは赤穂事件（忠臣蔵）の影響が大きいといわれている。

　討手の内容を見てみると、「江戸時代仇討表」にあるとおり、仇討163件のうち、武士によるものが96件（59％）、農民が37件（23％）、商人が10件（6％）、職人が1件、その他が8件（5％）、不明が11件（7％）である。元禄15年12月14日の赤穂事件（忠臣蔵）以後の分を見ると、103件のうち、武士が50件・農民が31件・商人が10件・職人が1件・その他が4件・不明が7件であり、武士によるものが減り、それ以外の平民によるものが増加して武士とほぼ同数になっている。

　また江戸時代の農民一揆の高揚期と農民の敵討件数の高揚期が一致し、両者は同根であるとの指摘がある（平出鏗二郎前掲書末尾の大石慎三郎氏解説参照）。宝暦5年（1755年）には、大飢饉（宝暦の大飢饉）が起き、凶作や

飢饉のため藩の財政難による年貢増徴政策に伴って、百姓一揆や打ち壊しが各地で発生した。幕府は厳罰で臨んだがやまず、中でも宝暦4年（1754年）から、美濃の郡上藩で起きた郡上一揆では、幕府の役人をも巻き込んで長期化し、4年後の宝暦8年（1758年）に百姓らが処罰され、藩主の金森頼錦も改易となった。

＊仇討メモ 【13】「元和偃武」について

　元和という元号に、武器を伏せて用いない意味である「偃武」という熟語を付加したもの。平和になったために不用になった矛を伏せて横たえるというのが直接的な意味である。元和は後水尾天皇の代の元号（1615〜24年）で、大坂夏の陣（元和元年）以後、大名間の戦争が起こらず、幕末まで世の中の平和が続いたことをいう。出典は「書経」の「偃武修文（武を偃せ文を修める）」で、武器を蔵にしまい、文治政治すなわち、道徳に基づく統治を行うという意味であり、江戸幕府の初政を賞賛する言葉として使われた（高木昭作『日本歴史大事典』）。

第2　幕府の公認について

　徳川幕府の時代になってからは、寛永14年（1637年）に起きた天草四郎による島原の乱（島原・天草一揆とも呼ばれる）以外に大規模な戦争はなくなり、太平の世が続いた。太平無事な時代には、仇討が戦場の功名のように称賛された。このため、物事がすべて華美に流れ、質実剛健な

気風がすたれたことに対するリアクションとして仇討が讃美され、仇討物語が大衆の好みに合うことになった。その結果、戦闘の機会がない武士がサラリーマン化して、武士道の精神が廃れてきていた。そのような時に、赤穂の武士集団が、忠義のためには命を捨てるのも厭わないという自己犠牲の精神に基づいて、権力者の上野介を討ち果たした。このような赤穂浪士の姿に真の武士像を見出した庶民が感動し、これをかわら版や浄瑠璃・歌舞伎などの題材として取り上げて人気を煽ったのである（平出鏗二郎前掲書110頁）。

　平民による仇討の増加は、このようにかわら版や浄瑠璃などに取り上げられて讃美称賛されたことの影響や、豪商の出現で明らかなように、江戸中頃から平民が社会的に力を持つようになったことも原因と考えられる。また幕府が、仇討を不倶戴天とする儒教を官学として採用し、仇討を公認して奨励したことも大きいと考えられる。これらの理由により、本来は武家社会の道徳であった武士道の精神が、次第に人の道の倫理として一般の庶民の道徳の中にも浸透し、国民道徳としての地位を得ていった。

第3　平民の仇討の実情

　仇討をするには事前の幕府の許可が必要であった。後記のとおり、仇討に成功した平民に対して幕府が表彰していたので、平民についても公認がなされていたと考えられるが、平民の許可は、武士と違い容易には受理されなかった

と言われている。しかしながら、前記のとおり、武士も平民も届出なしに仇討をした場合でも、取り調べを受けて仇討であることに間違いがなければ無罪とされた（平松義郎前掲書575頁以下）。

第4　百姓の仇討

平民の仇討の中心は百姓であるが、幕府が平民の仇討を奨励し、仇討を成し遂げた百姓を善行者として表彰したことが、「孝義録」に記録されている。幕府が武士以外の者による仇討を表彰していたのである。百姓の仇討としては、次の事例がある。

＊「弥藤次兄弟陸奥菊多郡の仇討」（仇討表96番）

下野国芳賀郡文谷村で、百姓の曽左衛門が、村長の又左衛門に百姓の佐十郎を婿養子にすることを相談すると、身持ちが悪いからやめた方がいいと言われたため断った。これに激怒した佐十郎は、明和元年（1764年）5月22日、村祭りの夜、又左衛門を殺害して逃亡した。又左衛門には5人の息子があり、すぐ仇討届を提出して、長男輿右衛門と次男弥藤次が出立した。ところが、見つからないので甥の百姓太郎平とその婿の定吉が加わった。それでも相手の行方が分からないため、残りの息子の3人も加わり一族を挙げて仇討の旅に出た。その結果殺害から12年後の安永5年（1776年）3月18日、奥州菊多郡中田村で佐十郎を見つけて討ち取った。百姓対百姓の事例である（千葉亀雄

前掲書355頁）。

　*仇討メモ　【14】仇討をした孝子の表彰について

　幕府は、天和３年（1683年）、武家諸法度の第一条を、これまでの「文武弓馬の道専ら相嗜むべき事」から、「文武忠孝を励まし、礼儀を正すべき事」と変更し、また善行者として表彰された忠臣孝子を全国から報告させ、これを「官刻孝義録」五十巻として出版した。総件数8579件のうち、「孝 行」は5516件（64.3％）、「忠 義」は557件（6.5％）、「忠孝」は71件（0.8％）であった（菅野則子『江戸時代の孝行者「孝義録」の世界』）。このうち、親の仇討をした孝子として表彰された百姓は、次のとおりである（神保文夫前掲書448頁）。

　　１、明和５年　　常陸国　百姓　茂助
　　２、宝暦10年　　上野国　百姓　辰之助
　　３、寛政２年　　下野国　百姓　与右衛門
　　４、元文５年　　陸奥国　百姓　上野長之助
　　５、元禄６年　　出雲国　百姓　五兵衛
　　６、同上　　　　同上　　百姓　五兵衛弟三助
　　７、同上　　　　同上　　百姓　五兵衛弟七兵衛
　　８、文政３年　　武蔵国　百姓　喜左衛門女房ちか

第５　平民が討手で仇人が武士の事例

　平民や女性が仇討をするためには、まず武力を身につけ

第8章　仇討の諸類型

ることが必要であり、特に相手が武士であれば、返り討に
遭うことになる。平民が討手の仇討のうち、相手の仇人が
武士である事例は、「江戸時代仇討表」によると44件中5
件である。百姓が武芸を習得して仇討を成し遂げた例とし
て、次の事例がある。

＊「金井仙太郎下野国粟谷村の仇討」（仇討表144番）
　下野国足利郡粟谷村の百姓金井仙右衛門は、近在の裕福
者で石灰山の石灰の焼き出しを商売としていた。この村の
侍の和田直記と金井隼人は、石灰山の乗っ取りを企て、仙
右衛門を誣告したが、うまくいかなかった。このため公事
沙汰までしたが勝つ見込みがないため、当方が悪いので和
睦の杯をしたいと嘘を言って、天保10年（1839年）3月
13日、仙右衛門を自宅へ招待し、そこで殺害して逃亡した。
この時隼人に頼まれて仙右衛門を傷つけた者は、子の吉右
衛門ほか3名であった。当時仙右衛門の息子の仙太郎が
12歳、番頭の子の寅五郎が20歳であった。しばらくして、
剣術修行のため諸侯を巡り歩いていた無念流の達人、久保
善輔克明という侍が逗留したため、仙太郎と寅五郎は、仙
右衛門が殺害された事情を話し、頼んで武芸を習うことに
して修行した。仙右衛門死後11年後の嘉永3年（1850年）
10月22日、仙太郎・寅五郎・久保善輔克明の3人は、金
井隼人の家に討ち入って殺害し、榎木にへばりついていた
隼人の子吉右衛門も見つけてこれを討ち取った。3人は、
江戸の勘定所に自首して出た。役人は始末を糺し関係者を
呼んで確認し、罪に問うに及ばずとした（千葉亀雄前掲書

135

441頁）。

また「江戸時代仇討表」135番も百姓が、武芸に励んで
父の仇人である郷士を討ち取った事例である（「乙蔵江戸
飯倉片町の仇討」千葉亀雄前掲書421頁）。

第6　乞食の仇討

平民以下の賤民であった乞食による仇討がある。

＊「白石本郷乞食の仇討」（仇討表153番）
嘉永7年（1854年）2月、陸奥国刈田郡白石本郷の乞
食小屋主の岩次郎が殺害され、犯人の二人は捕らえられて
江ノ島（現在の宮城県女川町）に流された。ところが、翌
年の安政2年（1855年）3月28日、二人は島抜けをして
三国山に逃げ込んだ。これを見つけた岩次郎の子の岩五郎
は、父の敵として二人を討ち果たした。仙台藩主は、二人
の行為を卑賤者であるのに顕彰に値するとして、褒美とし
て銭七貫文の終身年金を支給した。これは『大日本古文
書』伊達家文書之九に収録されている（氏家幹人前掲書
226頁）。

この事例では、仇人の二人は、殺人犯として島流しの刑
に処された身であった。したがって、仇討のルールに照ら
すと、岩五郎の行為は二重処罰となるため、適法な仇討と
は認められない。本件では仇人が島抜けをした逃亡犯であ

り、討手が平民よりも下の賤民として日頃差別を受けていた者であるため、仙台藩主が特に褒賞の上、お構い無しとされた事案である。

第4節　女性による仇討

第1　概要

　女性による仇討もかなりあり、千葉亀雄氏の『新版日本仇討』に婦人の仇討が紹介されている。「江戸時代仇討表」の164件のうち、女性によるものは、19件（このうち子や兄弟たちとの共同によるものが10件）である。時期的には、これも赤穂事件のあった元禄15年（1702年）以降がほとんどである。女性が仇討をする場合は、子供や兄弟と一緒に行う例が多い。しかしながら、中には次頁の「関のお万の仇討」のように、自ら武芸を習得して仇討をする例もみられる。武家に生まれた女性は、家の名に恥じない存在であることが要求され、薙刀の訓練が必須とされていた。また成人すると、薙刀の他に身を守るために懐刀と呼ばれる短刀を与えられた（武士之道研究会編前掲書148頁）。

　なお、女性が仇人である事例としては、前記第4章第1節（仇討の目的）で取り上げた「江戸松平周防守邸山路の敵討」などがあるが、女性が仇人になって逃亡し、追跡されたという事例は見当たらない（本稿では取り上げていない、いわゆる妻敵討は別である）。

137

第2　具体例

　仇討に成功するまでに53年もかかり、討ち取るまでに一番長くかかった仇討として有名な事例として「陸奥国行方郡鹿島宿陽山寺とませ母子の敵討」がある（前記第4章第5節を参照）。また自ら剣術の修行をして立派に仇討を成し遂げた事例として、次の例がある。

＊「関の小万の仇討」（仇討表98番）
　久留米藩の家臣牧藤左衛門は、同輩の小林軍太夫と剣術のことで喧嘩をし殺害された。当時身重であった妻が夫の仇討に出たが、伊勢亀山藩の関宿で臨月のため動けなくなり、宿の山田屋（現在の会津屋）に入り女児を出産したが、産後の体調が悪く死亡した。その時宿の主人吉衛門夫婦に仇討の話を伝えて、この子が大きくなったら仇討を遂げるようにと依頼した。主人夫婦はその子を「小万」と名付けて養育し、15歳を迎えたときに母の遺言を伝えた。小万は遺言を聞いて父の仇討を決意し、剣術の修行をし上達した。その後同じ道場に修行で滞在していた武士が小林軍太夫であることが分かり、天明3年（1783年）8月、亀山城外大手門前で馬子姿に変装して待ち受け、見事討ち取り本懐を遂げた。この仇討は、鈴鹿馬子唄にも歌われている（亀山市ホームページ、関宿の昔話『関の小万』より）。

第8章　仇討の諸類型

第3　女性の仇討と信憑性

　女性の仇討は、人気があるため、かわら版や浄瑠璃の題材になりやすい。ところが作り話が多く、実話であっても脚色したり誇張されたものが多いといわれている。有名な事例として、次の事例がある。

＊「陸奥国仙台白鳥明神社前姉妹の敵討」（仇討表73番）
　享保3年（1718年）の春、奥州白石領の足立村に四郎佐衛門という百姓がいた。ある日領主の師範役田辺志摩に出会い、供回りを破ったので口論を始めた。志摩は怒って四郎佐衛門を討ち殺してしまった。病弱な妻は嘆き悲しみ死亡し、11歳と8歳の少女が残された。親戚に引き取られた二人は、父の仇討をしたいとして、伊達家の師範役の滝本伝八郎の家に奉公に入り、事情を聞いた伝八郎は、感心して師匠になって剣術を指導した。6年後、腕を上げた二人は仙台伊達陸奥守へ敵討を願い出た。二人の孝心に感心した陸奥守は、享保8年（1723年）3月2日、仙台城下白鳥明神社前宮の町で、竹矢来をめぐらせて場所を設け、その中で双方を立ち合わせることにした。田辺志摩と立ち合って見事二人で志摩を討ち取った。仙台侯は大いに感心し、二人を家中の者の養女とした（平出鏗二郎前掲書162頁）。

　この事例は、歌舞伎に取り上げられて『碁太平記白石

139

噺』として有名である。ところが、この事件では由井正雪が援助して二人の仇討をさせたことになっており、由井正雪が慶安4年（1651年）に起こした慶安事件とこの仇討には約70年のズレがある。したがって、この件は作り話であるとか、少なくとも大幅な脚色があると言われている。

第9章
復讐禁止令の制定

第1節　復讐禁止令（仇討禁止令）の制定

　江戸時代の仇討は法令にない慣習であったが、明治6年（1873年）に禁止されるまで認められていた。明治維新は、日本がヨーロッパ列強国の植民地になる危機があり、これを乗り越えるため幕末に先進国と締結した不平等条約を改正する必要があった。そのためには、日本が司法制度の整った国であることを示す必要があり、仇討を許していては、野蛮な国という評価が変わらないためである。しかしながら、明治新政府が行った仇討禁止令の制定は容易ではなかった。幕府が幕末に締結した不平等条約、日米修好条約をはじめとする西欧の5カ国に治外法権を認めた条約を改定するためには、わが国の法律の整備が必要であり、仇討の禁止だけでなく近代的な司法制度の確立が急務であった。

第2節　復讐禁止令制定の経過

第1　仮刑律について

　明治政府の過渡的な刑法である「仮刑律」（明治元年4月）には、「祖父母父母殴タレ死ニ至リ、因ツテ行兇人ヲ殺スハ無論」とあり、従来の江戸幕府の公認を踏襲して仇討を不可罰としていた。

第2　新律綱領の制定

　明治4年（1871年）12月20日に制定された「新律綱領」は、仇討を原則として違法として、第14条に次のように定められた。
「祖父母・父母、人に殺され、子孫、ほしいままに行兇人を殺す者は、鞭五十、其即時に殺死し及び、よつて官に告る者は論ずることなかれ」

　仇討公認の要件として、即時の復讐ないし仇討をあらかじめ申告した復讐は不可罰になるが、ほしいままに行う事前の申告なしの仇討については処罰し刑を鞭打ち50とした。ただし、その現場での仇討は届出不要とした。これは仇討の禁止は時期尚早として、復讐を大義として尊重する考え方が背景にあり、仇討の評価についての当時の考え方を反映したものである。

第3　江藤新平の意見書

　明治5年（1872年）、江藤新平が司法卿になり、復讐は国家の司法権の侵害であるとして、復讐を一切禁止すべき旨の意見書を太政官府（明治新政府の立法府）に提出した。この意見書は、国が仇討を公認することの問題点を的確に指摘し、これを禁止すべきとしたものである。意見書の要旨は次のとおりである。

「復讐は父兄が殺害され犯人が逃亡すると、これを追って風露霜雪を踏んで、何年も心身を消耗して追跡して殺害し、或いはその相手を見つけられないまま死亡し、その子がまた志を継いで追跡をするなどその事情は同情すべきである。しかし、人を殺す者は必ずこれを殺すのは昔からの法律であり、犯人の殺害は司法の特権である。父兄の仇を討つ行為は私義をもって司法の公権を侵すことであり、殺人罪を免れない。従来自ら仇を討たないことを恥辱とし、子弟の分を尽くさない不孝とみなし郷里の仲間も相寄らず、このため故郷を離れ、家産を処分して妻子が家を失い、祖先の祭祀も奉ずることも出来なくなる。これを禁止しないと、転々敵として相殺害し納まることがない。遂には司法権が立たなくなるだけでなく、人民の安寧を妨害することになる。今後は、父兄の殺害に遭えば官による処刑を待ち、私的復讐は一切禁止して互いに相壇殺する源を塞ぐこととすべきである」

第4　改定律例の制定

　ところがこの立法作業は難航し、明治6年（1873年）2月7日になって復讐禁止令（太政官布告第37号）が制定され、仇討の禁止を法令化した。江藤の意見のうち、仇討の禁止は認めたが、仇討をした者の処分について、「相当の罪科に処す」として、処分が曖昧になっていた。これに対して江藤が、司法省に伺を申し立てた結果、政府は、

144

第9章　復讐禁止令の制定

同年6月13日の改定律例の232条で、「凡そ祖父母・父母人に殺され、子孫がほしいままに行兇人を殺す者は、謀殺を以て論ず」とし、処分が斬殺となり、仇討の禁止を徹底させた。ところが、その次に「其即時に殺死する者は論ずることなかれ」とし、その場で仇を討つ者は「即座之敵討」として無罪とする旨の特例が認められ、全面的な禁止ではなかった。

第5　刑法の制定

　仇討の条文が法典から消えて、最終的に仇討が通常の殺人罪の対象となったのは、明治13年（1880年）7月17日に公布され、同15年（1882年）1月1日から施行された刑法からである。

第3節　まとめ

　この一連の立法の経過は、仇討についての当時の考え方を如実に示すものである。明治の元勲の一人であった三条実美は、明治の仇討について「仇討は、武士道最高の美徳として賞誉せられしが、明治六年復讐禁止令以後は一転して犯罪と目せらるるに至ったのは、非常なる変遷である。しかし、これは時勢の当然ではあるが、当時の人々の間には少なからず面食らったものもあったのである」と述べている（尾佐竹 猛『法窓秘聞』236頁）。このことは、復讐禁止令が施行された後にも、仇討が現実に行われていたこ

145

とからも裏付けられる。

＊仇討メモ【15】江藤新平の業績

　復讐禁止令の制定は難航したが、江藤新平の意見書や異議を経て、最終的に仇討を殺人罪として禁止することで決着した。新政府の初代司法卿となった江藤新平は、司法と行政の分離、裁判所の設置、検事・弁護士制度の導入などの司法改革に尽力し、わが国司法の近代化に貢献した。穂積陳重博士は、江藤新平が新政府のために行った諸改革のうち、司法権の独立・娼妓解放令と復讐禁止令を江藤新平の三大業績と評価した（『続法窓夜話』325頁）。征韓論に敗れて帰郷し、不平士族に担がれて起きた佐賀の乱の結果、自らが尽力した司法改革によって成立した法令により死刑になるという、皮肉な結果に終わったが、彼が新政府の司法改革に尽力し、わが国司法の近代化に寄与した業績は、もっと評価されるべきである。

第10章
明治の仇討について

第1節　復讐禁止令の制定と仇討

　前記のとおり、明治新政府が復讐禁止令を制定して仇討を禁止した。ところが、幕末は激動の時代であり、勤王か佐幕か、攘夷か開国かなどを巡って激しい対立があり、各藩の中で意見が分かれた。このため明治になってからもこれらの争いを原因とする殺人が行われ、それに対する仇討が発生した。復讐禁止令後の仇討は、新政府になったからといって、国民の至情が急に変わるものではないことを示している。

第2節　明治の仇討とその処罰

　法令では、仇討は謀殺の刑として斬首の処罰であり、私憤による犯罪（殺人）として位置づけられたが、仇討の外形が整っているかぎり、情状を酌量して刑の減軽措置がはかられた（岩谷十郎『新体系日本史2　法社会史』441頁）。このため、これらの事件の判決では、法律では禁止しても、仇討を許す当時の国民感情を無視できなかったものと考えられる。明治になってからの仇討とその処罰は、次のとおりである（年月は仇討日）。

①　吉井四郎　　明1・9　父の復讐の申し出に対し、仇人の断首の太刀取り役を認められた

②　直七兄弟　　明1・10　無構　漁民の権利を独り

148

占めした男を訴えた父親を殺された息子の３人が男
を討ち取った

③　関根林之丞　　明１・11　　無構

④　幸治・幸七兄弟　　　明２・５　　百姓の兄弟による父
　　の仇討、担当役所から明治政府に表彰方具申された
　　が、復讐を奨励する法令無しとして認められなかっ
　　たが、殺人罪も適用されなかった

⑤　住谷兄弟　　明３・３　　無構　水戸藩士住谷七之允、
　　同忠次郎の兄弟が、父の敵の高知藩士山本旗郎を討
　　った

⑥　長　八　　　　明３　　　　　　終身流

⑦　賢治郎　　　　明３・８　　梟示（さらし首）

⑧　太田平作　　　明３・６　　10年禁固　処罰済の
　　　　　　　　　　　　　　　　犯人への復讐

⑨　村上兄弟　　　明４・２　　軽い処罰

⑩　菅原兄弟　　　明４・８　　準流10年　処罰済の
　　　　　　　　　　　　　　　　犯人への復讐

⑪　設楽兄弟　　　明５・２　　処分済の犯人への復讐

⑫　加賀本多家臣　明３・11　　自裁　明治の忠臣蔵
　　　　　　　　　　　　　　　　といわれている

⑬　萩原兄弟　　　明６・２　　無罪　発狂ということ
　　　　　　　　　　　　　　　　で放免

⑭　飯高兄弟　　　明２・10　　斬

⑮　大砂兄弟　　　明５・５　　免罪

⑯　小林新之丞　　文久２・９　大赦により免罪

⑰　和田竜四郎外　　　　　　　閉門90日

⑱　川上行義　　明13・11　　　　鎮台脱走の余罪で懲
　　　　　　　　　　　　　　　　　　　役15年
⑲　臼井六郎　　明13・12　　　父の敵の東京上等裁
　　判所の判事一瀬直久を討った。終身禁獄、明治24
　　年の憲法発布の恩赦で出獄
⑳　成田鉄三郎　明37　　　　　　懲役12年

第3節　日本最後の正式な仇討について

第1　概説

　各地に日本最後の仇討と称する事例が残っている。しか
しながら、日本最後の正式な仇討というためには、殺人行
為のうち、従来の慣例にしたがって正式な仇討として認め
られ、処罰の対象とならなかったことが必要である。した
がって、仇討と称して行われても、復讐禁止令により殺人
罪で処罰すると定めた時点以降は、従来の仇討制度の適用
はないので、正式な仇討にはならない。仇討の条文が法令
から消えて、仇討行為が全て殺人罪の対象となったのは、
明治13年（1880年）の「刑法」制定である。したがって、
この刑法が施行された明治13年7月17日以降は、従来仇
討として処罰を免れていた復讐行為が、全て通常の殺人罪
による処罰の対象となった。

第10章　明治の仇討について

第2　日本最後の正式な仇討

1、「村上兄弟高野の仇討」

　赤穂藩は、忠臣蔵で有名な浅野家に代わって、森家が藩主になった。その後継ぎを巡って、勤皇派と佐幕派の対立が生じ、幕末の文久2年（1862年）12月9日、勤皇派の西川邦治ら6人が、佐幕派の村上真輔とその息子2人を暗殺した。9年後の明治4年（1871年）、村上兄弟が、父親らの仇討として西川ら6人について、旧赤穂藩の森家に仇討許可の申請をした。ところが、森家ではこれを認めず、6人を仇討から逃れさせるべく、高野山の主君の廟守を命じて国を去らせることにした。これを知った村上真輔の息子や助太刀が、同年2月28日、6人が高野山に向かう途中で討ち取った。仇討を果たした村上兄弟らは、高野山を管轄する五条県庁に自首のため出頭した。県庁では、取り調べの上旧赤穂藩に引き渡し、旧赤穂藩では、軽い処分をして事済みになった（千葉亀雄前掲書174頁）。

　この事例は、復讐禁止令制定の前になされた仇討であるので、従来の仇討制度のルートに乗せられる事案である。最終的には軽い処分で処理されたが、仇討行為を理由に無罪とされたのではない。したがって、正式な仇討とは言えないと考えられる。

151

２、「肥後藩石貫の仇討」

　この事例は、文久元年（1861年）４月６日、江戸の肥
後藩邸で、下田平八・中津喜平・入佐唯衛門が、幕末の情
勢について激論を交わし口論となり、入佐は他の二人を殺
害して逃亡した。その10年後の明治４年（1871年）の４
月16日、玉名市石貫で、下田平八の妻の田鶴と子の恒平、
弟の島崎真八と中津喜平の妻寿乃が、入佐唯衛門を討ち取
った事例である。

　この件は、逃亡中の入佐唯衛門が山口藩の手で捕らえら
れ、連絡を受けた肥後藩は藩士の石原運四郎に身柄の受け
取りを命じた。これを聞いた田鶴らは、藩に引き渡す前に
仇討の機会を与えてもらうべく運四郎にその申し入れをし
た。かねてこの仇討の話を聞いていた運四郎は、仇討か藩
命かと思案したが、母子の本懐を遂げさせるのが武士の情
けであると決心し、玉名市に向かう途中の石貫うつろぎ谷
で入佐唯衛門を駕籠から出し、妻子に討ち果たさせた。仇
討成就後に下田・中津の両家とも跡目相続を許されて家名
が再興され、藩命に反して便宜を図って仇討を許した石原
運四郎もお咎めはなかった。

　本件は、復讐禁止令の制定前の仇討であるが、仇人が山
口藩によって逮捕され、肥後藩に護送する途中で身柄を釈
放して仇討が許された。本来であれば、肥後藩主が処理す
る事案であり、異例の措置として仇討の処理がなされた。
護送役の石原運四郎は、江藤新平の佐賀の乱に続いて起き
た、士族の反乱である「神風連の乱」に参加して戦死した
（岡田正二『日本最後の正式の仇討の地』インターネット

152

第10章　明治の仇討について

版)。

3、「本多家臣金沢の仇討」

　百万石の加賀藩前田家は、家臣に一万石以上の大名家が八家もあったが、明治維新の流れに乗り遅れ、これを取り戻すために執政の本多政均は、兵器・軍政を西洋式に替えるなどの改革を行った。ところが明治2年（1869年）8月6日、改革に反対する山辺沖太郎、井口義平に殺害され、二人は駆けつけた藩士に逮捕された。主を殺された本多家の家臣は、犯人の引き渡しを求めたり、切腹の際の介錯を願い出たが許されなかった。明治4年（1871年）11月23日、一党15人が、共犯者4人のうち3人を討ち取った。15人中12人が切腹に処せられているので、正式な仇討とは言えない。この事件は、明治の忠臣蔵といわれている（千葉亀雄前掲書164頁）。

4、「秋月藩の臼井六郎の仇討」

　福岡藩の支藩である秋月藩における幕末の勤王と佐幕の争いの中で、慶応4年（1868年）5月、一瀬直久ら6名に、勤王派の臼井亘理とその妻・娘が殺害された。息子の臼井六郎（当時11歳）は、山岡鉄舟の道場で剣術を学び、明治13年（1880年）12月17日、明治新政府の東京上等裁判所の判事になっていた一瀬直久を殺害した。臼井六郎は、裁判で終身禁固の刑が言い渡され、その理由として「士族たるにつき」という理由がついていた。これは武士については仇討が認められてきたという歴史を考慮したものと考

153

えられる。明治22年（1889年）の大日本帝国憲法制定による恩赦によって、禁固10年に減刑されて釈放された。復讐を禁止した刑法の施行後の仇討であり、刑法により処罰された。

5、「成田鉄三郎千葉の仇討」
　千葉の成田鉄三郎は、日露戦争に出征して手柄を立て、功七級の勲章を貰った。ところが、故郷へ帰ると母親が死亡していた。これは雇い人であった新吉が、母親に金を無心して断られて暴力を振るい、その傷が原因で死亡したため、傷害致死罪で処罰されたが、既に刑を終えて出所していた。これを知った鉄三郎は、新吉を殺害して警察へ自首をし、裁判では懲役12年の実刑となった。この事例は、実行した日からすると明治最後の事例であるが、政府の刑事罰に処せられた行為に対する二重処罰行為であるし、また新刑法が施行された明治13年（1880年）7月17日以降になされた殺害であるので、殺人罪を免れない。

　以上によると、4が復讐禁止令制定前になされたとすれば、正式な仇討の可能性があるが、有罪判決がなされており正式な仇討とは認められなかった。したがって、2が従来の仇討としての処理がなされており、日本最後の正式の仇討と考えられる。

第11章
仇討と現行法

第1節　決闘罪について

　決闘は、明治22年（1889年）12月30日に制定された法律第三十四号「決闘罪ニ関スル件」で禁止された。江戸時代には、仇討の対象にならない殺人行為として、果たし合い（決闘）による殺害があった。しかしながら、それは明文の定めでなく、慣習によるものであった。このため、明治の復讐（仇討）禁止令制定の一環として、仇討を防止するために制定された法律である。正規の果たし合いでは、双方が合意の上でルールを決めて決闘をする。このため、これにより相手を殺害しても何ら罪に問われなかった。ところが、明治の復讐禁止令により仇討が禁止され、決闘による殺人を放置できないため、これを処罰するために、決闘罪が制定された。

第2節　民法891条二号について

　明治6年（1873年）に仇討が禁止されてから、すでに150年も経過したが、現行法にも仇討に関連すると考えられる法律が存在している。民法891条二号は、相続人になることができない者として、「被相続人が殺害されたことを知って、これを告発せず又は告訴しなかった者」という規定がある。親が殺されたのに官憲に告発・告訴をしなかった者は、相続権を失うとする規定である。

　明治維新で、親が殺害された場合の仇討（私的復讐）が

禁止となり、その処罰が全て公的処罰に委ねられた際、国に法的処罰を求めることは徳義上の義務であるとして、告訴をしない者へのペナルティを定めたものである。慶応元年（1865年）に富山藩の重臣山田嘉膳が、同藩士の島田勝摩に殺害された。ところが、その子である兄の鹿之助と弟の鑣馬の二人は、仇討の申し出をしなかった。このため、武士にあるまじき事であるとして、家屋敷・家財など召し上げの上、追放処分になった。この事例と背後にある考え方は同じである（前記第2章第4節を参照）。仇討が禁止されてから約150年を経た現在でも、江戸時代と同じ法的根拠による法令が存続しているのは興味深い。この条文の背後にある考え方が、現在も国民の道徳として是認されているものと考えられる。

＊仇討メモ 【16】犯罪被害者等基本法の制定について

「我国では、近年様々な犯罪等が後を絶たず、これらに巻き込まれた犯罪被害者の多くは、これまでその権利が尊重されてきたとは言い難かったばかりか、十分な支援を受けられず、社会に於いて孤立することを余儀なくされてきた」

これは平成16年（2004年）に成立した犯罪被害者等基本法の前文である。それまでの刑罰では犯人の人権が強調されて、犯罪の被害者についてはその権利が考慮されてこなかった。自分の親や兄弟が突発的に殺害された場合、家族がその犯人に復讐をしたいと思うのは人として自然な至情である。殺人事件の被害者遺族に取材した話を纏めたも

157

のを見ると、私的復讐が禁止された現在でも、「仇討をしたい」「命で償ってほしい」などという遺族の切実な声が述べられている（藤井誠二『殺された側の論理』）。また犯罪被害者の遺族へのアンケート調査の結果によると、加害者に対しての現在の気持ち（刑罰後）は、次のとおりである（宮澤浩一ほか『犯罪被害者支援の基礎』113頁）。復讐が殺人罪であることが明白な現代でも、相手に仕返しをしたいという遺族が65.2％もいることが注目される。

相手の刑罰が軽すぎる　　93.3％

相手がにくい　　　　　　92.1％

相手に仕返しをしたい　　65.2％

第12章
仇討制度の疑問点について

第１節　問題の所在

　江戸時代の仇討制度には、いろいろと疑問がある。１つは、わが国では仇討の慣習が、明治維新により新政府が制定した「復讐禁止令」によって禁止されるまで続いていた。このように殺人罪に該当する私的な制裁が、世界に例を見ないほど長く残存した理由はなぜかということである。２つは、徳川幕府は、殺人罪に該当する仇討をなぜ公認したのかということである。３つは、許可された仇討が成就しなかった場合、その前提となる殺人事件の処理がどうなったのかである。

第２節　疑問点の１と２について

　１と２は密接な関係にあり、平出氏は次のように説明している。「敵討は人民が国家の刑罰権を蹂躙した仕打ちであり、国家の秩序安寧を害するものであるため、国法の上では認めていない。江戸時代は君臣父子の分を厳正に取り締まった時代で、道徳と法律とは極めて密接に運用せられ、敵討を忠臣孝子の至情から起こることでやむを得ないことと認めていた。その上藩治の時代では、藩の境を一歩でも越えれば、治外法権の状態であって、犯罪者を捕縛するにも、他藩へ逃げられては迂闊に手を下すことができないため、大名と大名との争いができぬともいえない。それよりも敵討を望む者をやって討たせた方が、その藩の名誉にも

なり、討手も本望どおりに達するわけで、願ったり叶ったりである」（平出鏗二郎前掲書33頁）。

　天下を統一した徳川幕府は、幕府と各藩の大名・旗本・国衆などの封建領主との間に支配体制を構築し、各藩の大名らに領地を直接支配する権限を与えて、独自の領地と政治機構を持つ藩とそれを束ねる幕府からなる幕藩体制を確立した。全国を幕府領と大名領（藩）とに分けて、大名にその領地と住民を直接支配する権限を与えたのである。このため体制が確立してからも、幕府の法が全国を支配したのではなく、大名達はその領国内で独自の法を実施することができた。このため、殺人を起こした犯人が藩外に逃亡した場合には、藩の司法権の地域的制約により、当該藩では処理できなかった。また幕府は、その天領地（江戸・京都・大坂・奈良・佐渡など）でない限り、各藩が統治する領内では刑罰権を行使できなかった。さらに江戸は、人口百万を超える大都会であり、行政・司法・警察・消防などの江戸の治安全般を町奉行が担当していたが、そこの人員は数百人にすぎず、広域捜査は人員の面からも不可能であったといわれている。

　したがって、逃亡した犯人を処罰するためには、当時の風習であった仇討を警察権の範囲として公認し、これを活用せざるを得なかった。その結果、幕藩体制が消滅して完全な中央集権を実現した明治新政府によって復讐禁止令が制定されるまでの長い間、仇討の慣行が継続していた。徳川幕府が仇討を適法な制度として公認したために、江戸時代の終焉まで続いたのである。

第3節　疑問点の3について

第1　仇討の成功率

　幕府に事前の許可申請をした仇討の成功率は、わずか1％程度であるといわれている。諸藩に仇討届は多くあるが、ほとんどが結末なしで終わっており、三田村鳶魚氏によると、「敵を討ちに出て仕遂げずにしまった者の数はもとより勘定も出来ませんが、討てたのは百分の一にも足らぬのではないかと思う。諸大名の記録の中に、敵討に出たまま消息が分からなくなり、ついに絶家となるという記入が多いのは、この間の消息を物語るもののようである」とある（三田村鳶魚前掲書88頁）。このため仇討に成功した討手が、武士の鑑として讃美称賛されたのは、ほんの一握りの事件であった。

　したがって、不成功の99％については、逃亡した仇人が何の制裁も受けないで逃げたままということになる。他方、仇討に出立しながら、願いが叶わなかった討手の99％は、どうなったのか。幕府が公認した制度でありながら、このような実態であった仇討は、国家の制度としてどう評価すべきかという問題がある。

第2　不成功な仇討の事件数

　江戸時代に何件の仇討が行われたのかは不明である。

「江戸時代仇討表」（巻頭ページ）の仇討事例の合計163件から、返り討事例2件を差し引くと、仇討の成功例は161件となる。これが全体の1％であるとして計算すると、不成功に終わった99％は、1万6100件となる。

この仇討表では、返り討の事例が2件見られるが、返り討に遭うことは、討手にとっては不名誉なことであるため、表面化しないまま記録には残らなかった事例が他にもあったと考えられる（渡辺誠『図説大江戸さむらい百景』79頁）。

この江戸時代仇討表は、平出鏗二郎氏作成の「江戸時代敵討事跡表」（平出鏗二郎前掲書99頁）と大隈三好氏作成の「江戸時代敵討表」（大隈三好前掲書203頁）、稲垣史生氏作成の「仇討表」（稲垣史生前記『仇討を考証する』315頁）、大江戸仇討ち事件の謎「日本仇討ち事件一覧」（歴史読本第42巻第1号200頁）を基に、その他の参考資料を加味して作成したものである。この集計のために使用した参考資料は、千葉亀雄『新版日本仇討』・明田鉄男『江戸10万日全記録』・長谷川伸『日本敵討ち集成』である。千葉亀雄氏が上記書で引用している「慶応二年寅二月廿日・敵討帳書抜」には、仇討の届出書の内容だけでなく、仇討の結果が記載されている事例があるので、これも参考にした。

第3　仇討不成功事案の処理

問題は、仇討が不成功に終わった事案について、その後

の処理がどうなったのかである。前記のとおり、江戸時代の不成功事例の概数は、１万6100件と考えられる。仇討は、事前許可制であったので、幕府には仇討の相手方は分かっているはずであるし、仇討に成功した旨の届出がなければ、仇人は逃げたままであることになる。私的制裁のために警察権が私人に与えられたとはいえ、私的制裁を逃れた殺人犯をそのまま放置することは、国の治安を維持するという観点からすると大きな問題である。

　仇人が相手を殺害後は、藩内に留まらないで他藩へ逃亡するのがほとんどであり、この逃亡したままの事件が全体の99％を占めていたとすれば、仇討に成功した討手が、武士の鑑として称賛され持てはやされたのは、ほんの一握りの事件であった。ところが仇討では、前記のように仇人が追手から逃亡して逃れることは、卑怯なこととはされておらず、また「武家屋敷駆込慣行」があり、逃げて駆け込んだ先で保護されたりした。これらの事情を考慮すると、仇討が成功しないで討手の追跡から逃げ延びた仇人については、これをさらに追跡する者はいなかったと考えられる。したがって、幕府が、身内などからなされた仇討許可の申請を受理した事件のうち、何と99％は、仇人が殺人罪の適用を免れて放任状態のままであったことになる。これが武士の鑑として称賛され、歌舞伎や浄瑠璃、講談などでもてはやされた仇討の裏の実態である。

　幕府が公認した仇討について、その対象となる仇人の99％もが逃れたまま放任されていたとすれば、仇討という制度が、公的処罰の代用として与えられた警察機能を分

担する役割を果たしていたと評価することは不可能である。仇討制度は、武士社会の長年の慣習を無視できないことや、幕藩体制の制度上各藩に領国内の自治権が認められて幕府が自ら処罰できないために、これを補う目的で私的制裁として公認されたけれども、その実態はそれに見合う結果を伴わない存在であった。

第13章
仇討制度が果たした役割について

第1節　江戸時代の仇討制度は何であったのか

　公認された仇討制度が、結果を伴わない存在であり、警察機能を分担する役割を果たしていたと評価することができなかったにもかかわらず、仇討に成功した討手は讃美称賛され、浄瑠璃や歌舞伎などで取り上げられてもてはやされた。ところが、それはほんの一部であり、仇討を成就できなかった99％もの討手は、帰郷もできずに何年も何十年も全国を捜し回ったうえ仇討を断念し、武士の一分が立たないとして自害したり、野垂れ死にをするなど悲惨な人生を送っていた。このような江戸時代の仇討は、一体何だったのか。幕府が公認した仇討制度は、どんな役割を果たしたのかが問題である。これについては、次のような見解がある。

１、平出鏗二郎氏は、「江戸時代には、ある制裁の下に敵討は許されていたのであります。進んでは奨励せられていたのであります。今日から見れば不都合なことであったかもわからぬが、これがために風教上（筆者注、徳行をもって教え導くこと）に及ぼした益をも考えねばなりません」と評されている（前掲書119頁）。

２、千葉亀雄氏は、「日本の敵討は、10年も20年も、ないしは40年も50年も人生の過半を費やして、あらゆる苦しさに耐えて、なおその憤怒と信念の遂行に満足しようとし

第13章　仇討制度が果たした役割について

ている。したがって、日本の敵討は、国民性の意思力の存在を示す点に於いて、その信仰に対する徹底力の強さと純真とに於いて、一の奇跡たるべきものと思う」と評されている（前掲書566頁以下）。

３、神坂次郎氏は、仇討は「歴史的に見れば、平和な時代の武士社会を維持する掟の一つでしょうが、当事者にすれば虚しさ哀しさがつきまといます。討つほうも討たれるほうも、一言でいえば切なさですね。侍の切なさ、侍社会の切なさだと思います」とし、同番組のプロデューサーの石井裕一郎氏は、「仇討は、実は武士の世である江戸時代を260年も続けさせた要因の一つなのではないか」と評されている（前掲『堂々日本史18「江戸の掟、仇討ちの真実」』197頁）。

４、長野真一氏は、「仇討がなければ、気に入らない相手を傷つけようが殺してしまおうが、自分が危機に立たされることがないわけで、やりたい放題になってしまう。復讐があることで、仇討が恐ろしいから簡単に人を斬るわけにはいかないといった、人殺しを抑制する力として働いていたと考えられる」と評されている（NHK取材班編『その時歴史が動いた22 忠臣蔵、父と子の決断』、62頁）。

第２節　仇討制度が果たした役割

前記のように仇討制度は、成功率がわずか１％に過ぎず、

169

制度としてその役割を果たしたとは言えない存在であった。武士の本業は戦闘員であり、江戸時代になって戦闘の場である戦争のない平和な時代が260年も継続したため、本来の役割を発揮する仕事を失った武士がサラリーマン化して、武士の一分を発揮する機会がなくなり、武士道の精神が消滅しかねない運命にあった。ところが、幕府が仇討を公認したことによって戦闘の場ができ、仇討を成就した仇人は讃美称賛され、歌舞伎や人形浄瑠璃などの題材として取り上げられ、かわら版が配布されて、仇討番付表までが出現した。特に赤穂事件（忠臣蔵）では庶民は、強大な幕府に怖じけることなく、身を捨てて浅野家の名誉を守るという私的な利害を超越した行動に、武士本来の姿を見て心を打たれた。

　幕府は、天和３年（1683年）に武家諸法度の第一条を、これまでの「文武弓馬の道専ら相嗜むべき事」から、「文武忠孝を励まし、礼儀を正すべき事」と変更し、全国の善行者として表彰された忠臣孝子を報告させ、これを『孝義録』五十巻として出版したが、この中には、仇討を成就した平民が含まれていた。幕府は、これらにより平和な時代の武士道の精神の立て直しを図ったのである。本来は武家社会の道徳であった武士道の精神が、次第に人の道の倫理として一般の庶民の道徳の中にも浸透し、その結果、日本人の心の中に、武士道の精神や考え方を残存させることになったのである。最近 NHK の新日本風土記で「忠臣蔵」が取り上げられ、北海道砂川市にある北泉岳寺に、高輪の泉岳寺にある四十七士の墓碑と全く同じものが設置されて

第13章　仇討制度が果たした役割について

いることが紹介されていた。赤穂義士の熱烈な崇拝者であった住職が、日本の敗戦により道内に混迷と道義の敗退が極限に達しているとして、高輪泉岳寺の承認を得て造られたもので、毎年12月14日には義士祭が行われているという。このような赤穂事件に関連する義士の墓碑や芝居が今でも全国に残っており、地域の住民によって代々引き継がれているのである。このように仇討制度が果たした役割は、平和な江戸時代になって消滅しかかった武士道の精神を存続させ、これが浄瑠璃や歌舞伎などで称賛されたことを通じて日本人の心に残り、明治維新から150年以上も経た現代にも通じる日本人の道徳として、後世に継承させたことにあると考えられる。

171

第14章
まとめ

第1節　仇討と人命の軽視について

　仇討は江戸時代に盛んになり、これを成就すると浄瑠璃・歌舞伎・講談・かわら版などで取り上げられて讃美称賛された。また明治維新における復讐禁止令の制定経過をみると、仇討はわが国の慣習として根強いものがあり、その禁止は容易ではなかった。現在でもテレビや映画では仇討を題材にした時代劇が放映され、「水戸黄門」や「暴れん坊将軍」などの時代劇の長寿番組では、仇討の話が繰り返し取り上げられている。このように仇討は、日本人の至情に合致しており、いわゆる「仇討物」が好きな国民と考えられる。しかしながら、武家社会の風習であった仇討や殉死などについて痛感することは、殺人や切腹がいとも簡単に行われる極めて血なまぐさい制度であり、あまりにも人命が軽視されていたことである。赤穂事件（忠臣蔵）では、46人もの義士が切腹を命じられて自害した。森鷗外の歴史小説で有名な『阿部一族』では、熊本肥後藩主細川忠利の死亡に関連して18人が殉死し、殉死が許されなかった阿部弥一右衛門が追腹を切った。ところが殉死者とは差別されて、長男権兵衛への家督単独相続が認められず兄弟に配分となり、これに対して長男が一周忌の場でとった不敬な行為が藩主の逆鱗に触れて、武士にとって屈辱的処罰である縛首に処された。最後は阿部家の一族郎党が屋敷に立て籠もり、藩主の討手が派遣されて子供を含む一族全員が殺害された。江戸時代の武家社会では、山本常朝の

174

第14章　まとめ

『葉隠』に著された「武士道というは死ぬことと見つけたり」が象徴しているように、人命尊重という観念が欠落していたと思われる。なお、森鷗外の歴史小説は史実に忠実なことで定評があるが、『阿部一族』の事実経過には史実と齟齬があるとの指摘がある（山本博文『武士と世間 なぜ死に急ぐのか』5頁）。

＊仇討メモ【17】鈴木正三と人命の尊重

　鈴木正三は、三河国加茂郡足助庄（現在の愛知県豊田市則定町）の出身で、徳川家康の家臣として関ヶ原の合戦などで活躍したが、42歳で出家して曹洞宗の僧になった。天草の乱で荒廃した天草を復興させ、『万民徳用』を書いて、職業倫理を日本で初めて説いたと言われている。この正三は、武士がむやみに人の命を奪うことを批判して、追腹を「阿呆腹」と決めつけ、17世紀前期の武士の間で蔓延していた理不尽な殺人（人斬り・辻斬り）、殉死という人命軽視の風潮を、卑怯・臆病・不忠という武士にとって最大の罵言で糾弾したとされる。江戸時代は、軽々しく人を殺してはならないという当然のことが、当時の武士の世界には浸透していなかったと考えられる（氏家幹人『江戸時代の罪と罰』12頁以下、「とよたの人物記」豊田市公式YouTube チャンネル）。

第2節　武士道の徳目について

　前記のとおり、仇討の根底には武士道の精神があり、こ

175

れが仇討制度を支えていた。武士道の著書として新渡戸稲造の『武士道』が有名であり、これによると、武士道の徳目として、義・勇・仁・礼・誠・名誉・忠義の七つが挙げられている（奈良本辰也訳『武士道』）。ところが、どういうわけか「孝」が挙げられていない。将軍綱吉の時代になされた寛政の改革の一環として、前記のとおり「武家諸法度」の第一条を改訂し、これにより武家諸法度に「孝」の徳目が出現した。武士道の聖典とされている山本常朝の『葉隠』にある「四誓願」にも、その一つに「親に孝行仕るべきこと」が挙げられており、大道寺友山の『武道初心集』には、「武士たらん者は、親への孝養の厚きをもって根本とすべきである。忠臣をば孝子の門に求めよとあるように、血縁で繋がる親に対して孝行できない者が、そのような関係のない主君に対して忠義を尽くすことはできない」とあり、孝行を犠牲にして忠義が成り立つというものではなく、親への孝行を前提として忠義があると考えられている（谷口眞子前記『近世社会と法規範』232頁）。このように主君への忠義と親への孝行（忠臣孝子）は、武士道に不可欠な徳目であった。

　ところが武士道においては、父母や子よりもその忠義の対象は、絶対的に主君が優先されるとし忠と孝の板挟みの場合には、迷わず忠義を優先しなければならないとして、これが武士道の七つの徳目には「孝」が入らない所以であると言われている（森良之祐『面白いほどよくわかる武士道』78頁）。

　しかしながら、武士道では孝よりも忠義が強調され、七

つの徳目の重要度に順番があるとしても、孝が武士道の徳目から除外される理由にはならないと考えられる。新渡戸稲造自身も、頼山陽の『日本外史』にある、法皇に反逆を起こそうとした父清盛の息子重盛が、「忠ならんと欲すれば孝ならず、孝ならんとすれば忠ならず」と悩むやりとりを引用して、「忠と孝との重盛の苦衷」を紹介している（奈良本辰也前掲書94頁）。その新渡戸稲造が、どうして武士道の重要徳目を七つに限定し、「忠義」を七番目として「孝」を除外したのかが疑問である。

この点について奈良本辰也氏は、新渡戸稲造が「武士道を説き明かしてゆく中で義からはじめたのは、それが武士道が掲げる徳目のなかで、最も大切なものだと考えていたからであろう。それをすぐに君臣の義として、忠義が何よりも先行することを説く人もあるが、私はそうは思わない。それは、もっともっと根源的なもののように思える。それは勇をもって実践に移されるものだが、忠も孝も、その根本にあるのは義であるとするのだ」と解説されている（前掲書241頁）。

そうであれば形式論ではあるが、根本にある義があれば、孝と同様に忠義も削除されてしかるべきではないだろうか。

第3節　おわりに

従来世界一安全な国と言われてきたわが国の治安が近年とみに悪化し、最近は殺人事件や強盗事件が連日のように報道され、電話で息子や孫を装って高齢者から現金を騙し

取るオレオレ詐欺が蔓延するなど、人としての基本的な道徳すら蔑ろにされている感が強い。新渡戸稲造は、「武士道は一つの独立した道徳の掟としては消滅するかもしれない。しかしその力は、この地上から消え去ることはない。何世代か後に、武士道の習慣が葬り去られ、その名が忘れられるときが来るとしても、路辺に立ちて眺めやれば、その香りは遠く離れた見えない丘から漂ってくることだろう」と述べている（前掲書190頁）。

　武士道それ自体は消滅しても、名誉を重んじ義を貫いて誠の道を行くという武士道の精神は、日本の文化遺産というべきものであり、時代を超えて現在も存在していると考えられる。人生百年時代を迎えて、日本の象徴である桜の花と同様に日本人の心の根底にある武士道の精神を、人命尊重の欠如というマイナス面を修正し、時代に適合する武士道を日本人のアイデンティティとして、将来共に継承していくことが必要であると考えられる。

以上

文　献

青木美智男編『決定版番付集成』2009年 柏書房

明田鉄男『江戸10万日全記録』2021年 雄山閣

池波正太郎他『忠臣蔵と日本の仇討』1999年 中央公論新社

石井良助『新編江戸時代漫筆 上』1979年 朝日新聞出版

稲垣史生『仇討を考証する』1987年 旺文社文庫

稲垣史生『時代考証事典』1971年 新人物往来社

氏家幹人『かたき討ち』2007年 中公新書

氏家幹人『江戸時代の罪と罰』2015年 草思社

NHK取材班編『その時歴史が動いた・忠臣蔵、父と子の決
　断』2003年 KTC中央出版

NHK取材班編『堂々日本史18 江戸の掟、仇討ちの真実』
　1998年 KTC中央出版

大隈三好『敵討の歴史』2016年 雄山閣

尾佐竹 猛『法窓秘聞』1999年 批評社

笠谷和比古『武士道その名誉の掟』2001年 教育出版

齋藤一馬他『日本思想体系26 三河物語 葉隠』1974年 岩波
　書店

坂本俊夫『浄瑠璃坂の仇討ち』2018年 現代書館

神保文夫『近世法実務の研究 下』2021年 汲古書院

新村出編『広辞苑』第五版1998年 岩波書店

菅野則子『江戸時代の孝行者「孝義録」の世界』1999年 吉
　川弘文館

高木昭作『日本近世国家史の研究』1990年 岩波書店

立石優『忠臣蔵99の謎』1998年 PHP文庫

谷口眞子『近世社会と法規範』2005年 吉川弘文館

谷口眞子『武士道考』2007年 角川学芸出版

千葉亀雄『新版日本仇討』1931年 天人社

中田節子『大江戸なんでもランキング』2002年 小学館

奈良本辰也訳・新渡戸稲造『武士道』1997年 三笠書房

新田一郎ほか『新体系日本史2 法社会史』2001年 山川出版社

野口武彦『忠臣蔵』1994年 ちくま学芸文庫

長谷川伸『日本敵討ち集成』2018年 角川文庫

長谷川伸『日本敵討ち異相』2018年 角川文庫

平出鏗二郎『敵討』1990年 中公文庫

平松義郎『近世刑事訴訟法の研究』1960年 創文社

藤井誠二『殺された側の論理』2007年 講談社

武士之道研究会編『武士道の世界』2009年 イースト・プレス

穂積陳重『復讐と法律』1982年 岩波文庫

穂積陳重『続法窓夜話』1980年 岩波文庫

三上参次『江戸時代史 上』1992年 講談社学術文庫

三田村鳶魚『敵討の話 幕府のスパイ政治 鳶魚江戸文庫8』1997年 中公文庫

宮澤浩一ほか『犯罪被害者支援の基礎』2000年 東京法令出版

森鷗外『森鷗外全集3 護持院原の敵討』1995年 筑摩書房

森良之祐『面白いほどよくわかる武士道』2007年 日本文芸社

山本博文『江戸時代の国家・法・社会』2004年 校倉書房

山本博文『武士と世間 なぜ死に急ぐのか』2003年 中公新書

吉川幸次郎『日本の心情』1960年 新潮社

渡辺誠『図説大江戸さむらい百景』2007年 学習研究社

週刊朝日百科 日本の歴史69「仇討・殉死・心中」1987年 朝日新聞社

歴史読本 42巻1号「大江戸仇討ち事件の謎」1997年 新人物往来社

季刊雑誌歌舞伎 第9巻第3号「特集：歌舞伎と仇討の世界」1977年 松竹演劇部

著者プロフィール

大津 千明（おおつ ちあき）

昭和19年生　愛知県出身
昭和41年　京都大学法学部卒業
昭和43年　裁判官に任官
昭和63年　弁護士登録

著書
『離婚給付に関する実証的研究』日本評論社、ほか

仇討考 仇討制度の総点検

2025年2月15日　初版第1刷発行

著　者　　大津　千明
発行者　　瓜谷　綱延
発行所　　株式会社文芸社
　　　　　〒160-0022　東京都新宿区新宿1－10－1
　　　　　　　　　　電話　03-5369-3060　（代表）
　　　　　　　　　　　　　03-5369-2299　（販売）

印刷所　　株式会社フクイン

© OTSU Chiaki 2025 Printed in Japan
乱丁本・落丁本はお手数ですが小社販売部宛にお送りください。
送料小社負担にてお取り替えいたします。
本書の一部、あるいは全部を無断で複写・複製・転載・放映、データ配信する
ことは、法律で認められた場合を除き、著作権の侵害となります。
ISBN978-4-286-26244-4